Arbeitsmittel
für Studium und Unterricht

Für den Bereich der Hochschule
herausgegeben von
Heinrich Bauer
Gerhard Deimling
Holger Knudsen
Heinrich Lenzen
Manfred Markefka

Für den Bereich der allgemeinbildenden Schulen
herausgegeben von
Horst Dahlmann
Holger Knudsen
Wolfgang Mickel

Für den Bereich der berufsbildenden Schulen
herausgegeben von
Georg Blaß
Holger Knudsen
Johannes Rauball

Saul B. Robinsohn
Bildungsreform als Revision des Curriculum

und

Ein Strukturkonzept
für Curriculumentwicklung

5., unveränderte Auflage

Die bisherigen Auflagen erschienen
in der Reihe „Aktuelle Pädagogik",
herausgegeben von Prof. Dr. Hans-Jochen Gamm
in Zusammenarbeit mit Prof. Dr. Hans Heckel
und Dr. Paul Seipp.

Luchterhand

Alle Rechte vorbehalten.
Hermann Luchterhand Verlag, Neuwied und Berlin.
Nachdruck, auch auszugsweise, sowie fotomechanische Wiedergabe
nur mit Genehmigung des Verlages.
Lektorat: Siegfried Alefeld.
Gesamtherstellung: Druck- und Verlags-Gesellschaft mbH, Darmstadt.
Printed in Germany, April 1975.
ISBN 3 472 55047 3

Inhalt

Vorwort

1. – Themen der Curriculumforschung und -entwicklung sind seit dem Erscheinen dieser kleinen Schrift ins Zentrum erziehungswissenschaftlicher Erörterung und pädagogischer Diskussion gerückt. Der Terminus, der manchen zunächst als überflüssiger Neologismus oder als modischer Import erschien, ist indessen auch in der Bundesrepublik zum notwendigen, freilich abgrenzungs- und differenzierungsbedürftigen Begriff der Fachsprache geworden. Wenn nun der Verlag nach mehreren Neudrucken eine Neuauflage für erforderlich hält, dann müßte dies wohl von Rechts wegen durch eine weithin neugefaßte Version geschehen, in der den Diskussionen und Erfahrungen seit 1967 Rechnung getragen wird. Dies ist jedoch zur Zeit nicht beabsichtigt. Ursprünglich eher als erziehungspolitische Aufforderung gedacht, durch welche Erfordernisse der Curriculumforschung und -entwicklung mehr postuliert und bestenfalls vorskizziert als in Konzept und methodischer Anlage ausgeführt werden sollten, hat die Schrift doch gerade in ihren curriculumtheoretischen Überlegungen und in ihren methodologischen und strategischen Anregungen Aufmerksamkeit und Kritik erfahren. Deren ausführliche Erörterung müßte die ursprüngliche Diktion auflösen und die immer noch aktuelle bildungspolitische Intention verdecken.

So hat sich der Verfasser vielmehr zu folgendem Vorgehen entschlossen: Die Schrift von 1967 erscheint erneut mit nur geringfügigen Änderungen, in der Absicht vorgenommen, offenbare Mißverständnisse, zu denen die Erstfassung Anlaß gegeben hatte, so gut es geht zu beheben und die eigene Position zu verdeutlichen. Hierzu gehörte eine Präzisierung und Vereinheitlichung der Terminologie. Die Auflage ist ferner um ein »Strukturkonzept für Curriculumentwicklung« erweitert worden, das erstmals im Sommer 1969 vorgetragen wurde. In diesem Konzept werden die früheren Überlegungen in heuristischer Anwendung des interkulturellen Vergleichs weiter artikuliert und systematisiert.

Daß sich die Grundposition als weiterhin tragfähig erweist, ist eine Überzeugung, zu welcher der Autor nach der Auseinandersetzung mit zustimmenden oder kritischen Reaktionen nicht ohne Überraschung gelangt. Doch kann dies nicht bedeuten, daß er für ihre zahlreichen

Desiderate blind ist. Gerade die intensive Rezeption – in Anerkennung und in Abgrenzung oder auch unter zurückhaltendem Verschweigen – hat die Arbeitsgruppe am Max-Planck-Institut als Verpflichtung aufgefaßt, neben den fortlaufenden Bemühungen um die theoretische Begründung und exemplarische Konkretisierung von Curriculumentwicklung – ein notwendig begrenzter Teil der zu leistenden Arbeit –, ihre Vorstellungen immer wieder auch publizistisch vorzutragen. Hierbei sind über die Fortführung der gemeinsamen Konzeption hinaus natürlich auch unterschiedliche Akzente und Nuancen zum Ausdruck gekommen. Um so mehr muß dieses Vorwort Gelegenheit geben für einige summarisch-grundsätzliche Bemerkungen zu den wichtigsten Einwänden und Ergänzungen, die unsere Veröffentlichungen erfahren haben. Werden also im folgenden einige kritische Fragen im Zusammenhang mit dem vorgelegten Konzept erörtert – wobei der Bezug auf einzelne Autoren im Rahmen eines Vorworts nicht sinnvoll erschien –, so ist es mir an dieser Stelle nicht möglich, auf zahlreiche praktische Arbeitsvorhaben zur Curriculumentwicklung einzugehen oder mich mit alternativen Modellen auseinanderzusetzen, von denen manche auf unser Modell rekurrieren oder sich von ihm distanzieren. Es sei hierzu auf den Beitrag von *Doris Knab* (b : e, 4/2, Febr. 1971) hingewiesen, in dem eine kritische Übersicht über »Modellgruppen« und »Entwicklungsprojekte« in der Bundesrepublik vorgenommen wird.

Eine jegliche Bestandsaufnahme dieser Art scheint freilich zu beweisen – und dies in besonderem Maße hinsichtlich der praxisnahen Arbeiten, etwa am Lehrplan für Gesamtschulen –, wie dringlich theoretische Überlegungen zur Begründung von Curriculumentwicklung sind, soll Desorientierung vermieden und ein in vielem als grundsätzlich mangelhaft erkanntes System überwunden werden. Immerhin hat die Schulpraxis insofern die teilweise sehr globalen Bekenntnisse zur Bedeutung der Curriculumproblematik im Strukturplan des Deutschen Bildungsrates überholt, als sie das curriculare Postulat struktureller Veränderungen wirklich akzeptiert hat. Mögen manch unwillige, elegische oder ironische Bemerkungen der »Praktiker« zur Curriculumforschung der Weigerung entspringen, eine radikale Curriculumrevision als Bildungsreform hinzunehmen, so sind sie doch verständlich als Ausdruck der großen Dringlichkeit der Aufgabe.

Schließlich noch ein Wort zu ausländischen Entwicklungen; sie können in diesem Rahmen nicht explizit über die im Aufsatz von 1969 erfolgte konzeptuelle Einordnung hinaus gewürdigt werden. Daß fast überall, jedenfalls im Westen, neue Akzente und sogar durchaus neue Tendenzen in den Curriculumdiskurs eingehen, ist deutlich erkennbar. Sie betreffen vor allem Fragen der sozialwissenschaftlichen Begründung, der inhaltlichen Relevanz und der didaktischen Materialisierung von Curricula. Es besteht jedoch zur Zeit kein Anlaß, von diesen Überlegungen über gewisse lerntheoretische Einsichten und Begründungen hinaus fertige Lösungen oder Lösungsstrategien für Probleme der Legitimierung eines Curriculum und der Entscheidungsfindung zu erwarten. Insofern bleibt die systematische Grundlegung von Curriculumrevision noch weithin Desiderat – anderswo ebenso wie hier.

2. – Curriculumtheorie – wenn wir von einer solchen sprechen wollen – ist im Zentrum erziehungswissenschaftlicher Arbeit und pädagogischen Interesses angesiedelt, reflektiert sie doch darüber, zu welchem Ende und auf welche Weise Lernen – im weitesten Sinne von Bildung und Erziehung – veranstaltet werden soll und kann. Ich spreche mit Vorbehalt von einer Theorie, da Curriculumreflexion weder eindeutig – deskriptiv – auf die Feststellung gesetzmäßiger Zusammenhänge (wie eine Naturwissenschaft) konzentriert ist, noch – präskriptiv – gesetzmäßiges Handeln vorschreibt (wie etwa Grammatik), sondern Konsensus über wünschenswerte und Aufklärung über praktikable Alternativen pädagogischen Handelns zu generieren sucht. Als *policy science* verbindet wissenschaftliche Curriculumarbeit Reflexion und Interpretation kultureller Traditionen, sozial- und verhaltenswissenschaftliche Teiltheorien, empirische Evidenzen und Entscheidungsmodelle so, daß praktische Operationen rationalisierbar werden. Eine Unterscheidung zwischen erkenntnis- und entscheidungsorientierten Forschungsweisen erleichtert eine Zuordnung von Curriculumforschung ebensowenig wie die zwischen Grundlagen- und angewandter Forschung. In der Tat sehe ich keine Notwendigkeit für eine derartige Zuordnung einer wissenschaftlichen Arbeit, in der Normen, Ziele und Mittel in einen Begründungszusammenhang gebracht werden, in der Erkenntnisse und Erkenntnisinstrumente der verschiedensten wissenschaftlichen Disziplinen in ihre bildenden Funktionen transponiert, gegenwärtige und antizipierte Bedürfnisse konstatiert und postuliert,

hypothetisch oder geprüft systematisierte Erfahrungen über Wirksamkeit von Lehren und Lernen eingebracht, schließlich aus all diesen Interessen und Erkenntnissen durch systematische und offengelegte Kommunikation haltbare Alternativen inferiert werden. Daher scheint mir auch die in Amerika immer wieder erhobene Klage über das Fehlen *einer* Curriculumtheorie ebensowenig sinnvoll wie deren Einteilung in eine wissenschaftsorientierte, eine realitätsorientierte und eine wertorientierte Richtung. Solche Aspekte eröffnen sich unter Umständen gesonderten Untersuchungen und Versuchen theoretischer Systematisierung; aber erst in ihrer Verbindung können sie die erforderlichen weitreichenden Entwicklungen im Curriculum begründen. Ebenso ist eine Reihe anderer analytischer Unterscheidungen zu relativieren: Lernziele, Lerninhalte, Lernorganisation stehen – in der Diskussion wird dies gelegentlich, aber keineswegs allgemein anerkannt – in engem »Implikationszusammenhang«; Struktur-, Entwicklungs- und Entscheidungsprobleme gehen ineinander über; endlich ist die Rationalisierung der Methode von Curriculumentwicklung von der ihrer Substanz gar nicht zu trennen – was häufig übersehen wird.

Eine in dieser Weise holistische Ansicht von Curriculumentwicklung sieht sich dem sehr gewichtigen Einwand gegenüber, sie werde weder den Kriterien wissenschaftlicher Fundierung noch der Dringlichkeit der gesellschaftlichen Situation gerecht. In der Tat stehen Curriculum wie Curriculumentwicklung unter einem mehrfachen Reduktionsdruck. Auf empirisch-positivistischer Seite gibt es nach wie vor die Auffassung, allgemeine Zielbestimmung entzöge sich wissenschaftlicher Kontrolle, Curriculumforschung könne nur der Operationalisierung solcher Ziele und der Optimierung des Einsatzes von Mitteln zu ihrer Erreichung dienen (– trivialer: der Erforschung von Input : Output-Relationen). Diese Spielart der Reduktion ist seltener geworden, häufiger die der »Praktiker«. Sie zweifeln, wenn nicht gerade an der Relevanz und Stimmigkeit, zumindest an der Ausführbarkeit wissenschaftlicher Begründung von Curriculumentwicklung und nehmen die Aufgabe selbst unter Anwendung eigener reflektierter Erfahrung wahr. Diese Form reduzierter Curriculumentwicklung erscheint auch in einer zeitphilosophischen Variante, in der Zielsetzungen quasi aus einer Analyse der geistigen Situation der Zeit heraus erfolgen. Resultieren hieraus im allgemeinen revidierte und hoffentlich verbesserte Versionen geltender Curricula, so gibt es letztens einen ganz anderen Druck in der

Richtung einer mehr oder weniger radikalen Verneinung des bestehenden Schulwesens. Die Skala reicht von der Konzeption völlig neuer Gegenstände und veränderter Arbeitsformen, aus der Situation der lernenden Gruppe heraus entwickelt, bis zu Vorschlägen zur Abschaffung der Schule überhaupt als einer Institution »mythenbildenden Rituals«, die Schüler und Lehrer gleichermaßen degradiere und entwürdige.

Wenn im folgenden die Diskussion dennoch weiterhin im Rahmen eines integrierten und langfristigen Modells von Curriculumentwicklung geführt wird, so geschieht das immerhin im Bewußtsein, daß durch das Ausbleiben radikaler Reformen die Schule zunehmend diskreditiert wird und daß andererseits Alternativen rational begründungsbedürftig und weithin wissenschaftlich-systematisch begründbar sind. Aus diesen beiden Voraussetzungen ergibt sich offensichtlich die Aufgabe, in der Perspektive der als prinzipiell notwendig erkannten begründeten, integrierten Curriculumentwicklung nach Möglichkeiten »mittelfristiger« Teilverbesserungen und Konstruktionen zu suchen.

3. –[1] Als zentrale Absicht unseres Konzepts ist im allgemeinen erkannt worden: die *Legitimierung* des Curriculum und seiner fortlaufenden Revision von den Zielen her. Nicht nur die Methoden aber – von denen später gesprochen wird –, auch diese Forderung selbst, die Möglichkeiten und die Grenzen einer solchen Legitimierung sind Gegenstand der Diskussion. Wie anders aber kann die Entwicklung eines Curriculum auf eine rationale, einsehbare und argumentierbare Basis gestellt werden, als indem ihre normativen Voraussetzungen in Beziehung gesetzt werden zu Postulaten pädagogischer Vernunft, indem ihre Verhaltensziele (Qualifikationen im weiten Sinne) in den grundlegenden Erkenntnissen gesellschafts- und verhaltenswissenschaftlicher Theorie ebenso gefunden werden wie in einer unreduzierten didaktischen Transposition aus den Bereichen kultureller Tradition. Unreduziert muß diese Didaktik in einem doppelten Sinne sein, indem sie nämlich nicht nur gesetzte Lehrinhalte auf ihre erziehenden Wirkungen hin analysiert, indem sie aber auch nicht einfach Kulturtraditionen auf ihren bildenden Gehalt hin befragt. Werte und Normen sind nicht nur, wie es in der amerikanischen Curriculumtheorie heißt, das

---

1 Es empfiehlt sich, die folgenden Teile dieses Vorworts nach der Lektüre der Schrift selbst zu lesen.

»Sieb« für curriculare Ziele und Intentionen, sondern der Ausgangs-
punkt der Kommunikation, d. h. der Artikulierung und Begründung,
durch die Konsensfindung geschehen soll. Daß der Konsensus, der
einem Curriculum zugrunde liegt, durch Offenlegung den Raum auch
für Dissensen frei macht, scheint mir ebenso einsichtig wie die Notwendigkeit, aus den Theoriestücken über Sozialisation und Lernen
diejenigen zu wählen und ins Didaktische zu transponieren, die sich in
den erarbeiteten Begründungszusammenhang einfügen. Hier ist der
eigentliche Ort der Eklektik, nicht in den Methoden, wo es sich der
Natur der Aufgabe nach wohl eher um Kombination handelt.

Zu dieser Kombination gehören auch Diskussion und Befragung;
nicht nur klar strukturierte Situationen – wie angeblich Berufssitua-
tionen – werden analysiert, sondern auch solche personaler und gesellschaftlicher Existenz; durch das Offenlegen von Interessen werden
Kritik und auch Entscheidung ermöglicht. Dies hat uns den Vorwurf
eingebracht, unser Modell verwische den Unterschied zwischen Begründung und Entscheidung. Da wir zudem gelegentlich von der end-
gültigen Entscheidung der Politiker (zwischen Alternativen) sprechen,
andererseits von einer »Ermittlung« des Curriculum, ist unsere Position sowohl als technokratisch als auch als dezisionistisch kritisiert
worden. Sie ist weder das eine noch das andere. Sie geht vielmehr von
einer Auffassung aus, der zufolge »der Entscheidungsprozeß« über eine
Frage wie die nach dem legitimierten Curriculum nur in einem Verfahren bestehen kann, in welchem Verständigung über das Selbstverständnis einer Gesellschaft (in der erzogen werden soll), Abwägen von
theoretischen Einsichten über Erziehung und Lernen und von deren
praktischen Implikationen, äußerste und fortgesetzte Bemühung um
empirische Klärung und Rationalisierung die »kritischen Entscheidungen« weitgehend durch einen Fluß pragmatischer Konsensbildung ablösen.

Bestanden wird also auf Kontrolle, Überprüfung, Validierung. Gerade dies aber bieten die den positivistisch systemverbessernden Lehrplänen gegenübergestellten deduktiv begründeten Curricula nicht, ob
sie nun unter Berufung auf oberste Normen konstruiert sind oder sich
auf »hypothetische« Voraussetzungen stützen, die nicht verifiziert werden. Am konkretesten sind in diesem Sinne wohl diejenigen Ableitun-
gen, die global vom System der Wissenschaften ihren Ausgang nehmen.
Hier ist ein Instrument systematisch-symbolischer Welt-Erfassung zur

legitimierenden Basis geworden. Aber ist diese hinreichend? Die Frage kann m. E. eben nur unter Bezug auf jene Begründungskette beantwortet werden, die ihren Ausgang von den Lebenssituationen nimmt, zu deren Bewältigung Curriculum qualifiziert. Ziele (aims), Intentionen (objectives), Curriculumelemente können nur so legitimiert werden. Auch »mittelfristige« Arbeit an Curriculumrevision sollte diese Kette nicht prinzipiell sprengen, selbst wenn sie am einen oder anderen Ende ihre Akzente setzt.

Der Einsatz verschiedener *Methoden* ergibt sich aus prinzipiellen Erwägungen ebenso wie aus dem Stand der Forschung. Curriculumentwicklung kann ebensowenig zu eigenen Zwecken Gesellschaftsphilosophie reproduzieren oder sozialisationstheoretische und entwicklungspsychologische Gesetzmäßigkeiten entdecken, wie es in ihre Kompetenz fällt, eigene lernpsychologische Untersuchungen – etwa über Motivation oder über kognitives Lernen – anzustellen. Curriculumforschung als wissenschaftliche Begründung von Entwicklung hat die Aufgabe, solche Theoriestücke und Befunde ins Curriculum zu überführen. Diese Transposition verlangt dann auch nach anderen Mitteln der Evaluation und der Validierung, als sie die traditionelle, die geisteswissenschaftliche Didaktik einerseits und die empirisch prozeßorientierte Lernforschung andererseits anbieten. Evaluiert werden soll nicht Lehr- oder Lerneffizienz, sondern Bildungsleistung. Daher kann Curriculum nur immer wieder an seiner Übereinstimmung mit Bedürfnissen (needs) und mit »überzeugenden« Theorien validiert werden. Taxonomien von Bildungs- und Erziehungszielen dagegen sind vor allem Instrumente zur Messung der Effizienz von Lernprozessen, allenfalls solche der Planung und der Kommunikation, z. B. der Explikation von Lernzielen. Nur insofern sie auf Grund lerntheoretischer Erkenntnisse konstruiert sind, können sie dem Curriculumforscher auch bei der Validierung seiner Konstrukte dienen.

Zur Validierung selbst noch folgendes. Es mag deutlich geworden sein, daß unser Modell nicht auf einer Ablehnung empirischer Curriculumquellen und -kontrollen beruht – ein mehrfach geäußertes und offenbar naheliegendes Mißverständnis –, sondern im Gegenteil auf deren Einbeziehung unter Erkenntnis ihrer Grenzen. Der Vorschlag einer Ergänzung und Ausweitung durch das, was wir zu eng »Expertenbefragung« genannt haben, hat zu weiteren kritischen Fragen Anlaß gegeben. Von einer Seite stellte man die Möglichkeit in Frage, *situative* Erfordernisse jenseits wohlstrukturierter Situationen durch analytische Methoden zu ermitteln. Von anderer Seite sah man hier lediglich eine bloße Ausweitung des geistesgeschichtlichen Ansatzes von Kulturinterpretation. Wird, so wurde gefragt, der »hermeneutische Zirkel« wirklich gesprengt? Kann durch »Kommunikation« aktualisiert, zukünftige Entwicklung antizipiert werden? Die Zweifel beider Richtungen scheinen behebbar. Gerade durch die Ausweitung subjektiven »Verstehens« in der expliziten Verständigung und durch deren ständige Kontrolle in der realen Situation ist eine solche Leistung möglich. Gruppendiskussionen und Befragungen von Experten über gegenwärtige und zu erwartende oder wünschbare Merkmale von definierten und vorstrukturierten Situationen scheinen mir hier das einzige zur Zeit zur Verfügung stehende Mittel zu sein. Der Begriff »Experten« beschreibt in diesem Falle eine »Kommunikation«, in der Informationen, Bewertungen und Beurteilungen zusammenkommen; so wird konsensuelle Validität erreichbar. Wie anders sollen Aktualisierung und antizipierende Reform optimal objektiviert werden als durch dieses Mittel systematischer Konfrontation, wie es eben in allen policy sciences angewandt wird.

4. – Wir hatten uns bisher mit Argumenten auseinanderzusetzen, welche die wissenschaftstheoretische und methodologische Problematik von Curriculumforschung und -entwicklung betrafen. Das vorgetragene Modell mußte als Versuch ausgewiesen werden, dieser sehr komplexen Problematik im Interesse von Curriculumrevision gerecht zu werden. Im folgenden sollen einige Einwände bedacht werden, welche vornehmlich der *Substanz* der angezielten Revision gelten.

Da gibt es zunächst eine Reihe von Protestationen gegen die angebliche Vernachlässigung der »*Emanzipation*« oder, alternativ, der »*Bindungen*«. Es fällt mir schwerer, auf diese Kritik einzugehen als auf die zuvor behandelten gewichtigen Bedenken. Eigentlich sollte der Hinweis auf die Motive meiner Schrift und auf den diese explizierenden oder doch illustrierenden Abschnitt (B) genügen. Es wird aber behauptet, ein »sozial-technischer Forschungsapparat« und ein »sozial-anthropologischer Bildungsbegriff« eliminierten bei uns von vornherein die Orientierung an den »pädagogischen Aufgaben«. Mit umgekehrtem Argument, aber seltsamerweise in ähnlicher Richtung, wurde von anderen die geisteswissenschaftliche Unverbindlichkeit gerügt, die der

»verbalen« Forderung nach Mündigkeit als Bildungsziel keinen ad-
äquaten sozialwissenschaftlichen Forschungsapparat zur Verfügung
stelle. Beiden Argumenten ist die Behauptung gemeinsam, ein von
Situationsanalysen ausgehendes Begründungsmodell müsse notwendig
zu »systemintegrierender« Anpassung führen. Was soll man zu all dem sagen? Wie sollte Rationalität der Substanz
ermittelt werden durch nicht rationale Methode? Wie sollte »Emanzi-
pation« aktuell werden und sich bewähren, wo also als Bildungsziel
angesiedelt sein, wenn nicht in der Lebenssituation? Wie schlecht zudem steht dem Befürworter von Emanzipation (und hermeneutischer
Methode!) der Vorwurf des *bloß* verbalen Bekenntnisses, wo es sich
ausgesprochen um Diskussion, Reflexion und Identifikation von Kul-
turgehalten u. ä. handelt. Ferner: Was sind »pädagogische Interessen«
und »pädagogische Normen«, die nicht gesellschaftsphilosophisch begründet und auf Persönlichkeitsbildung gerichtet sind? Woher soll
Mündigkeit, soll Selbstbestimmung kommen, wenn nicht aus Bewußt-
machung der eigenen Möglichkeiten und durch das Üben von Reflexion
und rationaler Analyse? Weder »Bindung« noch »klassisches Kulturgut«
haben die notwendige Stärkung von Autonomie, von Widerstand und
Kritik erbracht, an denen es mangelt (*s. Th. W. Adorno,* »Erziehung
nach Auschwitz«, 1966). Im übrigen gehört zur Autonomie Kompetenz
ebenso wie Reflexion, die Fähigkeit zur »Systemerhaltung« wie zur
»Systemtranszendierung«. Es sind dies nicht »pädagogische« Ziele, sondern solche, die in pädagogischer Absicht in Substanz und Form des
erzieherischen Handelns (Lehrens, Lernens usw.) einzubringen sind.
Hierzu eben soll die oben geschilderte Zusammenführung von (kon-
sensuellen) Normenpostulaten, Interpretation und Transposition von
sozialwissenschaftlichen Theorien und von – antizipierten Situationen
entsprechenden – Vermögens-, Wissens- und Symbolgehalten dienen.

Der Anteil der *Wissenschaften,* der Disziplinen und der ihnen entsprechenden »Fächer« am Curriculum ist ein weiterer Diskussions-
gegenstand. Gewiß: Wir nannten die Bedeutung eines Gegenstandes im
Gefüge der Wissenschaften als Kriterium, diese selbst als Quelle für die
Identifizierung von Curriculuminhalten. Aus ihnen gewinnen wir Zu-
gänge zum Weltverstehen und Mittel zur Existenzbewältigung. Keines-
falls aber ist das Curriculum ihre Abbildung, auf elementarer Ebene
etwa. Eine solche bloße Ableitung wäre eine neuere Form der »didaktischen Reduktion«. »Fächer« führen leicht zur Fragmentierung und

zum Zerschneiden von Zusammenhängen, die in Lebenssituationen relevant sind. Die Ablösung eines jeden Enzyklopädismus – in seiner aufklärerisch-bürgerlichen wie in seiner volksbildenden Form – durch differenziertere Möglichkeiten der Bewußtseinsbildung ist ein Grunddatum der Curriculumentwicklung.

Daher sind auch Fachwissenschaftler nur dann geeignete Instanzen der Curriculumbestimmung, wenn sie mit den anderen an der Sache beteiligten Experten konfrontiert werden. Die Leistung wissenschaftlicher Strukturen (Prinzipien, Methoden, Symbole) bei der Generierung psychischer Strukturen ist noch weithin Gegenstand von ungesicherten Hypothesen. Zweifellos besteht ein Zusammenhang zwischen logischen und psychologischen Strukturen, und jeder Versuch mit alternativen Curricula wird von den Beziehungen dieser beiden Formen von intellektueller Kontrolle ausgehen. So besteht zum Beispiel guter Grund, die Bildung generativer Fähigkeiten – in ihrer späteren Entwicklung – vom Lernen physikalischer Phänomene und Zusammenhänge zu erwarten. Ähnliches trifft vielleicht für die Entwicklung symbolbildender kommunikativer Fähigkeiten zu. Aber auch hier gilt: Nur die aktuelle, effektive, soweit möglich empirisch kontrollierte Klärung dieser Zusammenhänge begründet Curricula. Solche Überlegungen führen zu den Argumenten, die zugunsten des Lernens von Lernen vorgebracht werden.

Zuvor aber soll eine Gruppe von Kritikern zu Worte kommen, die sich mit Leidenschaft für die Bewahrung, ja für die Restaurierung »klassischer humanistischer Bildung« oder einfach »altsprachlichen Unterrichts« einsetzt. Soweit hierbei das Argument einer besonderen Effektivität ihrer Inhalte für die Ausbildung von Sprachverständnis, von Ausdrucks- und Interpretationsfähigkeit, ja von Denkvermögen vorgebracht wird, ist ihm notwendig mit der Frage nach empirischem Nachweis solcher Vermutungen oder zumindest nach einer hypothetischen Begründung derart exklusiver Transferbehauptungen zu begegnen. Ähnliches gilt für die Erwartung, das Lernen von Latein und Griechisch befördere »genaues Arbeiten« und eine »wissenschaftliche Einstellung« zur Welt und ihren Phänomenen. Ob Lingustik und ihre Zweige, angewandt auf lebende Sprache, ob funktionsbewußter, strukturbetonter Unterricht in den Naturwissenschaften, ob gut motiviertes Lernen und gut angelegte Lehrformen nicht all diese Leistungen an Gegenständen erbringen, die gegenwärtig relevanter sind, wird nicht gefragt.

Aus gutem Grunde allerdings. Nach wie vor wird nämlich gerade die Relevanz der klassisch-humanistischen Bildung behauptet. Dies geschieht in einer traditionelleren Version, die von einer konzentrierten Behandlung der Welt des klassischen Altertums historische und politische Einsichten dauerhaften Werts erwartet und Aufschlüsse zu Grundfragen menschlicher Existenz; es geschieht auch in einer moderneren Fassung, in der die humane Rationalität (?!) der Alten Welt dem Effektivitäts- und Funktionszwang der Neuen gegenübergestellt wird. Beiden Richtungen gemeinsam ist das Motiv des Widerstandes. Ob hier wohl die Ratio der ganzen Haltung liegt? Menschen will einer der engagiertesten Vertreter dieser Richtung erziehen, »die wissen, wo sie stehen und wohin sie gehen, weil sie wissen, woher sie kommen«. Werden diesem Satz nicht zusehends Grenzen gesetzt? Vorstellungen von dauerhafter Identität der wichtigen Lebensaspekte und von universeller Geltung von Lebensbeziehungen charakterisieren nach *Margaret Mead* die »postfigurativen Kulturen«. Ob wir nun ihre Kennzeichnung unserer Kultur als »präfigurativer« akzeptieren oder nicht, es wird uns Jahr für Jahr eine Lebenshaltung gründlicher ausgetrieben, die sich am Wandel in der Wandellosigkeit orientiert. Geschichte wird begriffen als Zug der Verwirklichung des menschlich Möglichen, nicht der Wiederkehr des Gleichen. Nicht die uneingestanden selektive Interpretation antiker Welt als »Humanismus«, sondern nur eine humanistisch orientierte Selektion kann auch in dieser Welt der »klassischen« Antike wichtige Elemente eines neuen Curriculum gewinnen. In diesem Zusammenhang scheint es mir bemerkenswert, daß mein Argument vom Versagen der klassisch-humanistischen Bildung nicht verstanden oder vielleicht ignoriert wurde. Es ging um das Versagen auch der »humanistisch« Gebildeten vor der nationalsozialistischen Barbarei.

So bleibt denn den Vertretern einer Möglichkeit altsprachlichen Unterrichts im Curriculum m. E. nur ein Weg: die faktische, nicht durchaus rational begründete Abschaffung dieses Unterrichts durch rationale Begründungen, z. B. mit den hier vorgeschlagenen Mitteln, aufzuhalten.

Solche Begründungen werden immer mehr in einer Sprache zu fassen sein, die intellektuelle Dispositionen bezeichnet. Dies ist wohl der Kern der Parole vom Lernen des Lernens. Es geht um mehr, um Fähigkeiten wie z. B. psychische Elastizität, Problembewußtsein, größere Sensitivität.

Rationelles Lernen wird an einer Auswahl von Curriculumelementen geschehen, durch welche Erfahrung und Übung einer Reihe von definierten intellektuellen und anderen Verhaltensfähigkeiten ermöglicht wird. Der Lernprozeß wird vermutlich immer mehr vom Charakter einer Mitteilung von Gehalten verlieren und an Sozialisationsleistung gewinnen. Wahrscheinlich werden auch Informationen über die Natur der in Frage stehenden psychischen Lernvorgänge selbst, wie *Guilford* meint, den Lerneffekt erhöhen können. Wenn hier und im Text selbst Beispiele vorwiegend kognitiven Lernens gewählt wurden, so ist damit keineswegs deren Vorrangigkeit vor anderen Dimensionen impliziert. Die aktive Antizipation, die in der Curriculumarbeit liegt, wird Qualitäten wie Kooperationsfähigkeit, Empathie, Selbstvertrauen, Phantasie, steigende Beachtung zuwenden müssen; sie finden ihre Begründung in den Sozialisationstheorien, auf die sich das Modell ausdrücklich bezieht.

Ich habe mich in diesem Vorwort nicht mit den institutionellen Fragen der Curriculumentwicklung befaßt, die zur Zeit diskutiert werden. Sie werden auch im Text selbst nur kursorisch behandelt. Institutionen für Curriculumforschung und -entwicklung sind kaum grundsätzlich zu ermitteln, sondern hängen weitgehend von allen übrigen Bedingungen eines Erziehungssystems ab. In der Bundesrepublik scheint mir die Schaffung von Möglichkeiten konzentrierter theoretischer Arbeit und exemplarischer Erprobung, umfassender Information und verbesserter Kommunikation ein unübersehbares Desiderat zu sein. Bürokratische »Lenkungsausschüsse« ministerieller »Zentralstellen« können dies nicht leisten. Auch die Beteiligung von Lehrern an der Curriculumarbeit, über die einiges Grundsätzliche im Aufsatz von 1969 gesagt ist, hängt von der Gestaltung ihrer Ausbildung ab und von der Einrichtung von Institutionen, die ihrer Arbeit Informations- und Orientierungshilfe geben können. Schließlich sind hier nochmals jene »mittelfristigen« Arbeiten zu nennen, die, soweit sie grundsätzlich in der Perspektive des dargelegten Begründungszusammenhanges geschehen, durchaus zu Curriculumrevision oder sogar -innovation in einzelnen Fächern oder Phasen führen können, auf die an dieser Stelle aber nicht eingegangen wird. Eine gewisse Tendenz in den »zuständigen« Ministerien, diese Aktivitäten in ihre Lehrplaninstitutionen zu reintegrieren, zeigt aber, wie sehr wir immer noch in den Anfängen sind. Dies gilt von der Curriculumstudiengruppe am Max-Planck-Institut natürlich ebenso wie für andere. Die hier vorgetragenen Überlegungen haben nicht die Absicht verfolgt, über konkrete Arbeiten der Gruppe zu berichten; sie sind ihr aber nach wie vor verpflichtet. Mein besonderer Dank gilt *Annegret Harnischfeger* für ihre Mitarbeit an der Redaktion dieser Auflage und für die Bearbeitung der Diskussionen, welche die hier wiedervorgelegte Schrift mit ausgelöst hat.

Berlin, im April 1971 S. B. R.

Bildungsreform als Revision des Curriculum

Vorbemerkung (1967)

Auf den folgenden Seiten wird die Notwendigkeit begründet, den geltenden »Bildungskanon« den Erfordernissen unserer Zeit entsprechend zu aktualisieren, und die Möglichkeit geprüft, eine solche Revision mit Hilfe von Methoden zu vollziehen, welche Entscheidungen über die Inhalte des Bildungsprogramms aus Beliebigkeit und diffuser Tradition hinaus in Formen rationaler Analyse und – soweit möglich – objektivierter Alternativen heben.

Zur Bezeichnung dessen, was mit Bildungskanon, Lehrgefüge, Lehrplan jeweils ungenau oder nur partiell erfaßt ist, wird hier der Terminus Curriculum aus dem anglo-amerikanischen Gebrauch übernommen, ohne daß damit eine Festlegung auf eine seiner spezifischen, unterschiedlichen Erscheinungsformen in England oder in den Vereinigten Staaten beabsichtigt ist. In der deutschen Bildungstheorie ist der Begriff offenbar seit den Philanthropen aufgegeben und als ein »unserer Sprache aufgedrungener fremder Ausdruck« »verdeutscht« worden.[1] Die Lehrplantheorie des Barock kannte ihn spätestens seit Georg Daniel Morhof und seinem »Polyhistor« (1688), dessen Lehrplankapitel »De curriculo scholastico«[2] heißt.

Der Rückgriff auf diesen indessen aus der deutschen Pädagogik entschwundenen Begriff hat gute Gründe, kannte doch die Pädagogik des Barock noch die enge Verbindung der Bemühungen um Auswahl und Planung der Lehrinhalte, um Ausprägung der durch sie intendierten Bildungsziele und um die Erarbeitung der ihnen entsprechenden Lehrmethoden. Es soll aus dem Folgenden ersichtlich werden, daß mit der Wiederaufnahme des »verfremdenden« Terminus zugleich die Rücknahme bildungstheoretischer Entwicklungen in Deutschland gemeint ist, die in eine extreme Reduktion des didaktischen Problemhorizontes mündeten – eine Rücknahme, die in einigen Arbeiten der letzten Jahre angedeutet, aber bisher noch nicht durchgeführt worden ist.

Die im letzten Abschnitt dieser Studie vorgeschlagenen Untersuchungen sind nicht anders als durch eine Reihe koordinierter Forschungsvorhaben zu leisten, die in ihrer Gesamtheit über das Vermögen der üblichen Forschungsteams an Universitäten oder an anderen wissenschaftlichen Instituten hinausgehen, sofern diese nicht eigens für Curriculumuntersuchungen bestimmt sind. Einige Vorarbeiten, die in begrenzte Modelluntersuchungen münden, werden zur Zeit von einer Gruppe im *Institut für Bildungsforschung in der Max-Planck-Gesellschaft* unternommen. Zu der hier vorgelegten Studie hat diese Gruppe Erhebliches an Überlegungen und Formulierungen beigetragen. Stellvertretend für sie sei an dieser Stelle Fräulein OStR *Dr. Doris Knab* gedankt.

A) Die bildungspolitische Relevanz von Untersuchungen
   zur Curriculumentwicklung

1. – Von drei verschiedenen Ansätzen her wird gegenwärtig der Versuch gemacht, das Bildungswesen in der Bundesrepublik zu reformieren. Sie lassen sich charakterisieren als a) der ökonomisch-statistische und b) der sozial-politische Ansatz und als c) der Ansatz von der »Technologie« und »Rationalisierung« des Unterrichts her. Beobachtet man die Wirkung solcher Versuche in der Praxis, dann erhebt sich die Frage, ob nicht die notwendige Umverteilung in der Befriedigung von Bildungsansprüchen blockiert wird, jede strukturelle Veränderung ineffektiv bleibt, solange die Bildungsprogramme auf Funktionen einer früheren Bildungsperiode zugeschnitten sind, solange nicht ein vierter Weg beschritten wird, der Weg einer Revision der Inhalte des Lehrgefüges.

a) Die *ökonomisch-statistisch* begründeten Forderungen nach einer Schulreform – ob sie nun auf Vorausberechnungen von Bildungsnachfrage oder von Bedarf an qualifiziert Ausgebildeten beruhen oder ob sie mit dem Nachweis gestützt werden, daß die für Schule und Studium aufgebrachten Mittel weder eine gesunde ökonomische Fortentwicklung noch ein wirtschaftliches Bestehen neben vergleichbaren Industrieländern gewährleisten – operieren alle unter einer mehrfachen Belastung.

Erstens sind sie in der Praxis lückenhaft, denn sie stellen für Entwicklungen im Bildungswesen so entscheidende Momente nicht in Rechnung wie den Wandel von Motivationen und Aspirationen der »Bildungskonsumenten« – einzelner und Gruppen –, soweit sie nicht primär ökonomischer Natur sind; sie sind, wie *Raymond Aron*[3] es genannt hat, »produktivistisch« orientiert. In einer Studie über Arbeiten der OECD auf diesem Gebiet spricht *Robinson Hollister* ausführlich von den methodischen Schwierigkeiten, die »vorerst noch« dem Versuch, »social objectives« in ein quantitatives Modell des Bildungssystems einzubauen, entgegenstehen.[4] Und *Lionel Elvin*, der Direktor des Institute of Education der Londoner Universität, hat im gleichen Zusammenhang auf die bei Entscheidungen der Bildungsplanung zu berücksichtigenden Werte persönlicher Befriedigung und sozialer Aspiration hingewiesen, die sich ökonomischer Berechnung entziehen, und dazu Oscar *Wildes* Zyniker zitiert, der den Preis eines jeden Dinges kannte, aber den Wert keines einzigen.[5]

Zweitens unterschätzen bildungsökonomische Planungen die Elastizität der organisatorischen Formen und der Methoden von Erziehung und Unterricht.[6] Jeder Wandel in den Organisationsformen des Schulwesens, betreffe er nun Umfang und Arbeitsformen der lernenden Gruppe, Dauer und Einteilung der Lernzeiten oder die Zahlenverhältnisse von Schülern und Lehrern, ist geeignet, bestehende, einmal angestellte Vorausberechnungen und auf sie begründete Planungen zu erschüttern. Dabei handelt es sich nun keineswegs nur um etwa vorauszusehende, zum Beispiel in akutem Notstand vorzunehmende Anpassungen, die auch in wenig differenzierte Berechnungsmodelle variabel eingebaut werden könnten; vielmehr stehen wir gerade zum gegenwärtigen Zeitpunkt vor Wandlungen, die sich aus neuen Erkenntnissen über die Effektivität von Bildung und Unterricht, aus veränderten Auffassungen von kognitiven und affektiven Lernprozessen, schließlich aus Informationen über den Anteil schulischer und außerschulischer Faktoren im Erziehungswesen ergeben. Es ist bisher nicht gelungen, derartige Variable in die bildungsökonomischen Planungsmodelle einzubeziehen.

Vor allem aber wird die Wirksamkeit des ökonomischen Ansatzes dadurch beeinträchtigt, daß seine Demonstrationen von vorfindlichen Strukturen und Programmen ausgehen und mithin die bestehenden Normen des Inhalts von Bildung und Ausbildung, des Erfolgs und der daran geknüpften Berechtigungen akzeptieren. Die Setzung dieser Normen aber, die Entscheidung, ob und in welcher Weise Bildungseinrichtungen in einer Gesellschaft bewahrend oder verändernd wirksam werden sollen, kann offensichtlich nur im Zusammenspiel zahlreicher Instanzen der Öffentlichkeit erfolgen. Dem gleichfalls in den Erörterungen über Bildungsplanung so benannten »social demand«-Ansatz, auch als »cultural approach« bezeichnet, wird mit den üblichen ökonomisch-statistischen Methoden jedenfalls nicht genügt.

Aber auch diesseits kulturpolitischer Wertentscheidungen hat die Tauglichkeit der in Frage stehenden Instrumente zunächst rasch Grenzen gefunden. Die Beziehungen zwischen bestimmten Beschäftigungen, den für ihre Ausübung erforderlichen Qualifikationen und den zur Erreichung dieser Qualifikationen anzubietenden Bildungsveranstaltungen sind ja keineswegs zwingend. Daher bleibt die Übersetzung von Bedarfsfeststellungen in Anforderungen an das Bildungswesen variabel. Die Variationsbreite läßt sich ermessen, wenn wir bedenken, daß nicht nur der Umfang der Ausbildung, sondern auch Inhalt und Methode einer Vielzahl u. a. pädagogischer und psychologischer Erwägungen unterliegen können.[7] Man denke beispielsweise an die Versuche, von dem Bedarf an Lehrkräften auf eine notwendige Umstrukturierung der Ausbildungsgänge für Lehrer zu schließen, um der Grenzen der rein ökonomisch-statistischen Methode gewahr zu werden, zumal es sich auch in diesem Falle um Prognosen über Zeiträume hinweg handelt, in denen die Qualifikationen selbst laufend Veränderungen erfahren. So muß – um bei diesem Beispiel zu bleiben – eine Fragmentierung der Lehrerbildung, wie sie als Mittel zur Behebung eines drohenden Lehrermangels empfohlen wurde, gänzlich unangemessen erscheinen, denkt man etwa an die vitale Bedeutung, die sozial-wissenschaftlichen Elementen heute bei der Ausbildung von Lehrern aller Schularten zukommt.

Man unterschätze jedoch nicht die Suggestivkraft ökonomisch fundierter Planungen, obwohl sie eben jene Varianz der Beziehungen zwischen Bildung und Ausbildung einerseits und dem späteren Anteil an der Produktionstätigkeit andererseits – sei es bewußt oder unbewußt – vernachlässigen. Die Tatsache, daß die sozialisierende, allgemeinbildende Leistung eines Erziehungswesens auch in ihrem Effekt für Produktivität letzten Endes wahrscheinlich höher anzusetzen ist als die spezifisch berufsbildende, macht die rein ökonomische Planung zu einem ungeeigneten Ratgeber bei Entscheidungen über die Einrichtung dieser oder jener Schulform. Und die naiv vorausgesetzte Konstanz von bestehenden Normen und Berechtigungen läßt die Möglichkeiten der vertikalen und horizontalen Substitution bei der Zuordnung von Ausbildungsgängen und Berufsausübung nur allzu leicht in Vergessenheit geraten. Wer wollte leugnen, daß so die bildungsökonomischen Berechnungen eben in ihrer unmittelbaren Umsetzung in Bildungsplanung eine handlungsanweisende, eine normative Wirkung gewinnen, die ihnen nicht zukommt. Nicht ohne Kenntnis dieser Schwierigkeiten, aber auch ohne die geschilderte Konsequenz verhindern zu können, hat insbesondere die Baseler Schule *(Hajo Riese, Hans Peter Widmaier)* ihre Voraussagen teils explizite auf die bestehenden Strukturen und Programme hin errechnet, teils ihnen ad hoc – d. h. ohne die notwen-

digen funktionalen Adjustierungen – gefällte politische Zielentschei-
dungen zugrunde gelegt.[8] Damit aber wird eine Planung, die auf den
beschriebenen Ansätzen beruht, entweder konservativ-reproduzierend
oder – sofern sie selbst neue Strukturen zu setzen und Normen festzulegen versucht – willkürlich und relativ wirkungslos.

Ein Beispiel aus jüngster Zeit illustriert diese Alternative. Das Fazit
der verdienstvollen Arbeit von *Hajo Riese*[9] – die voraussichtliche Entwicklung des Arbeitsmarktes erfordere kaum eine Vermehrung der
Studentenzahlen an den Hochschulen der Bundesrepublik, so daß die
wachsende Zahl von Abiturienten einen Anspruch an die Universität
stellen werde, dem sie weder von ihren gegenwärtigen Funktionen
noch von ihren Kapazitäten her gewachsen sei – ist vom Verfasser in
seinem Resümee und von *Gottfried Bombach* in seiner Einleitung mit
der Warnung versehen worden, man solle hierin nicht einen Grund für
»die Aufgabe der expansiven Bildungspolitik, sondern (für) die Änderung ihrer Struktur« sehen.[10] Vergeblich! Die ersten Konsequenzen
dieser und ähnlicher Feststellungen werden allen Anzeichen nach nicht
eine innere Reform der Universitäten und ein Umfunktionieren der
höheren Schulen und ihrer Abschlüsse sein, sondern die Verstärkung
gegenwärtiger Strukturen durch Hilfskonstruktionen wie zusätzliche
Prüfungen und formale Aufwertung bestehender Institutionen.

Man sieht: Es genügt nicht, daß der statistisch argumentierende
Ökonom und Bildungsplaner sich des Umstandes bewußt ist, aus seinen
Modellen lassen sich Kriterien für Parameter-Änderungen, also für
Zielvorstellungen, nicht gewinnen. Die ohne Zweifel vital wichtigen
Informationen und Aufschlüsse, die der Bildungsreform – auch der
Curriculumreform – aus der Arbeit der Bildungsökonomie erwachsen,
bedürfen vom Ansatz her einer integralen Ergänzung durch andere
Gebiete der Bildungsforschung. Es ist nicht zuletzt die Einsicht in diese
Problemlage, welche die OECD dazu geführt hat, Curriculumentwick-
lung in ihr Programm einzubeziehen und entsprechende theoretische
Überlegungen in ihrer Weise in Angriff zu nehmen.[11]

b) Die *sozial-politische* Position von der »Bildung als Bürgerrecht«
ist von ihren Verfechtern – an ihrer Spitze *Ralf Dahrendorf* – bewußt
der ökonomischen als Alternative gegenübergestellt worden. Das
»scheinbar flüchtige Motiv« der Bildung als Bürgerrecht, so meint *Dahrendorf*, läßt sich »genau und bestimmt fassen«[12], und er geht dabei

von dem in den Verfassungen »garantierten Anspruch des jungen Menschen auf eine seiner Begabung entsprechende Erziehung und Ausbildung« aus. Eine Gesellschaft freilich, so schreibt *Dahrendorf*, »die den Anspruch erhebt, eine freie Gesellschaft zu sein, wird auch bei der Durchsetzung der Bürgerrechte der Phantasie sozialer Formen, der Unvergleichbarkeit der Wege und der Vielfalt menschlicher Qualitäten Rechnung tragen«.[13] Ohne daß die vorfindliche Differenzierung von Bildungsstrukturen und deren Funktionen in Frage gestellt wird, soll dem Bürgerrecht dadurch Genüge geschehen, daß gewisse Barrieren des freien Bildungsmarktes, Handicaps des sozialen Milieus, beiseite geräumt werden. Als hätten bildungssoziologische Untersuchungen der letzten Jahre nicht in ausreichendem Maße nachgewiesen, daß die Ungleichheit der Bildungschancen nur durch aktive Änderungen im gesamten Bildungswesen, seinem Aufbau und seinen Veranstaltungen behoben werden kann![14]

Die formale Verpflichtung bestehender Einrichtungen auf die Realisierung der verfassungsmäßig garantierten Chancengleichheit führt nämlich zwangsläufig – welche Hilfskonstruktionen (Eingangsstufen, F-Abitur) man auch einfügen mag – früher oder später zu Dysfunktionalitäten im Bildungssystem. Ohne eine gleichzeitige Umfunktionierung der Institutionen endet eine solche Öffnung einmal mit mehr oder weniger raschen individuellen Mißerfolgen, kann doch der »garantierte Anspruch des jungen Menschen auf eine seiner Begabung entsprechende Erziehung und Ausbildung« so lange nicht wirklich erfüllt werden, als Begabungen selbst vornehmlich am Erfolg in bestehenden Institutionen gemessen werden, deren Adäquatheit ja gerade in Frage gestellt ist. Zum anderen aber führt die Ausweitung der bestehenden Institutionen höherer und akademischer Bildung – soweit sie nämlich durch öffentlichen Druck erzwungen wird – sowohl zu einem unkontrollierten Wandel dieser Institutionen als auch in die Nähe ihrer schließlichen Sprengung.[15]

Eine wirkliche Berücksichtigung sozialen Wandels muß an inhaltliche Normen rühren, die für das System konstitutiv sind; sie können nicht als vorgegeben hingenommen oder als »beliebig« abgetan werden. In ihrem Sozialisierungsauftrag sind Bildungsinstitutionen auf eine systematische Entwicklung ihrer Funktionen, damit ihrer Strukturen und Programme, angewiesen. Rationale und objektivierende Methoden solcher Entwicklung und Kontrolle zu erarbeiten, ist gewiß ein schwieri-

ges Unterfangen, läßt sich aber nicht als »geisteswissenschaftliche Pädagogik« disqualifizieren, deren »normativen und historisierenden Einsichten« *Dahrendorf* die »überprüfbaren psychologischen, soziologi-
schen ökonomischen, im neuen Sinne erziehungswissenschaftlichen
Theorien« (?!) gegenüberstellt. Soll denn der angeblichen »Beliebigkeit« der Ergebnisse wissenschaftlich gestützter Revision des Bildungsprogrammes eine Evidenz des Bestehenden oder eine Stringenz politischer Entscheidungen, die lediglich auf ihre Durchführungsbedingungen
hin empirisch zu überprüfen wären, entgegengehalten werden? Glaubt
man denn, gegenwärtige Lehrpläne reflektieren einen de facto bestehenden Konsens von Wertvorstellungen oder auch einen in »Freiheit« sich manifestierenden Pluralismus und nicht vielmehr die Ideologie einer vergangenen Epoche?[16] Die Frage ist gar nicht, ob Schule
Fortschritt initiieren kann, sondern, viel bescheidener, ob sie als fort-
schritthemmende Institution fungieren muß; ferner, ob lediglich der in
Parlamenten und Behörden artikulierte politische Wille Entwicklungen im Bildungswesen initiieren darf und es ausschließlich an ihm ist,
die Rationalisierung bildungspolitischer Entscheidungen zu fördern
oder zu unterlassen.

c) Der Ansatz von der *Organisation und Technik,* von einer »Rationalisierung des Unterrichts« her – programmierter Unterricht, neue
Medien, Variationen der lernenden Gruppe usw. – wäre wohl imstan-
de, radikale Wandlungen im Schulwesen zu *unterstützen,* er ist aber
kein Mittel, sie *auszulösen.* Eine veränderte »Technologie« des Unterrichts kann schwerlich Strukturen sprengen, die durch das Festhalten an
bestimmten Bildungsprogrammen gesichert sind. Rationalisierung des
Unterrichts wird erst dann in vollem Umfange wirksam werden, wenn
sie der Bewältigung neuer Aufgaben dient. Um durch eine Analogie zu
illustrieren: Die technischen und organisatorischen Innovationen der
»Industriellen Revolution« haben sich in Entsprechung neuer Bedürfnisse durchgesetzt, nicht etwa durch ihre immanente Rationalität. Der
Lehrermangel allein ist kaum genügender Grund für eine »technische«
Revolution, deren eigentliche Funktion es wäre, einer Umverteilung
der Bildungsansprüche, einer Individualisierung des Lernprozesses und
einer mit Notwendigkeit wachsenden Bildungs- und Erziehungsleistung die erforderlichen Instrumente zur Verfügung zu stellen.

2. – Ich komme damit zu einem vierten möglichen Ansatz, dem der Reform *von den Inhalten* her. Er ist in der Bildungspolitik der Bundesrepublik entgegen dem äußeren Anschein am schwächsten entwikkelt. Auch in der Aufgabenstellung für den Bildungsrat scheint er zu fehlen. Dessen Auftrag, »Bedarfs- und Entwicklungspläne für das deutsche Bildungswesen zu entwerfen ... Vorschläge für die Struktur des Bildungswesens zu machen ... und Empfehlungen für eine langfristige Planung auf den verschiedenen Stufen des Bildungswesens auszusprechen«, hat *Hellmut Becker* zwar jüngst dahingehend interpretiert, daß in ihm auch »die Anpassung der Bildungsinhalte an die Aufgabe der Welt von heute und morgen« enthalten sei.[17] Was der Öffentlichkeit jedoch bisher über die vorbereitenden Arbeiten des Bildungsrats bekannt geworden ist, klammert diesen Bereich zunächst aus. Es scheint, daß die immer wieder behauptete, dabei grundverkehrte Alternative von »äußerer« und »innerer« Schulreform eine wirkliche Curriculumrevision bisher verhindern mußte; zwischen Struktur-Plänen und Veränderungen im Berechtigungswesen einerseits, der Verbesserung von Unterrichtsmethoden und Lehrplanänderungen andererseits hat sie sich dem Zugriff des Bildungspolitikers entzogen.

Wie jedoch sollen – um an zwei ebenso zentralen wie brisanten Problemen der Schulorganisation zu illustrieren – Entscheidungen über die Differenzierung im Sekundarschulwesen, also auch über Berechtigung und Form einer Gesamtschule, fallen, solange wir gesicherter Einsichten über Inhalt und Maß des für die betreffenden Altersgruppen Gemeinsamen und des Unterschiedlichen ermangeln, solange wir zunächst nur sagen können, daß Leben in der Gegenwart eine anspruchsvolle Allgemeinbildung für alle zur Voraussetzung hat und daß eine frühe Spezialisierung mit Gefahren unzureichender Mobilität und Kommunikationsfähigkeit verbunden ist? – Das zweite Beispiel: Es liegt in der Natur der Sache, daß Überlegungen zu einer notwendigen Neubestimmung der Ziele und der Formen berufsspezifischer Bildung einerseits und die Ausdehnung der Hauptschulzeit andererseits die bestehenden Institutionen für die betroffenen Jahrgänge in Frage stellen. Die hierin liegende Problematik wird notwendig über eine Neubestimmung der Aufgaben der verschiedenen »zuständigen« Institutionen hinaus zu der Fragestellung führen, wie weit sich die Tendenzen der Entspezialisierung und Theoretisierung von Berufsausbildung und die reflektierte Rezeption moderner Arbeitsformen (Technologie) als

Bildungsinhalt für die 15-, 16- und 17jährigen in Lehrpläne umsetzen lassen und welche Institution zur Verwirklichung dieser Pläne geschaffen werden muß. Der Deutsche Ausschuß hat diese Problemlage wohl erkannt[18], sich aber noch nicht dazu entscheiden können, radikale organisatorische Folgerungen für das Bildungswesen daraus zu ziehen.[19]

Es verhält sich eben so, daß Umfang und Komplexität dessen, was durch »Bildung« umschrieben wird, daß die gesellschaftspolitische Tragweite curricularer Entscheidungen und die Pluralität der Entscheidungskriterien Institutionen der ständigen Rationalisierung und Objektivierung von Curriculumplanung notwendig machen. Erst eine derart systematisch betriebene Revision und Weiterentwicklung des Curriculum mit den Methoden der hierfür zuständigen Disziplinen und auf Grund einer neu durchdachten Bildungs- und Lehrplantheorie wird, unpräjudiziert durch die bestehenden Strukturen, Bildungsbedürfnisse überprüfen und die ihnen entsprechenden Funktionen des Bildungswesens definieren können. Dabei geht es keineswegs um eine bloße »Verjüngungskur« für die Lehrpläne im Lichte fachwissenschaftlicher Entwicklungen – sie wird, wenngleich mit unzulänglichen Mitteln, in einzelnen Fächern laufend versucht –, sondern um die Überprüfung der pädagogischen Relevanz des gesamten Gefüges in einem Prozeß, in dem gesellschaftliche Kräfte und wissenschaftliche Erkenntnisse mittelbar und unmittelbar bestimmend werden können.

Statt behördlicher ad hoc-Arrangements bedarf es also wissenschaftlich fundierter und systematisch konstruierter Prozeduren. Nur solche sind geeignet, die notwendigen Innovationen in einer verhältnismäßig kurzen Zeitspanne vorzunehmen und schließlich auch den verschiedenen Bildungsintentionen eine adäquate Wirksamkeit wiederzugewinnen.

»In diesem Sinne«, so lautet das Diktum einer europäischen »Experten«-Gruppe zum Thema, »gewinnt das Curriculum die Eigenschaften eines Regulierungs-Mechanismus und rührt, über die formale Substanz der Bildung hinaus, an den innersten Kern des Erziehungsprozesses, durch den Konzepte und Zielsetzungen in die Schulpraxis und ihre Ergebnisse übersetzt werden.«[20] So können schließlich auch neue Strukturen und Institutionen, deren Aufgaben und Arbeitsformen vorgezeichnet werden. Auch hier gilt »Form folgt Funktion« *(Louis Sullivan).*

Wie die wissenschaftlichen Instrumente beschaffen sein müßten, durch welche die Voraussetzungen für Curriculumentscheidungen ermittelt werden, ist im folgenden zu klären. Zunächst soll dabei Curriculum als Gegenstand der vorliegenden Überlegungen in seiner engeren Bedeutung als Gefüge der Bildung*inhalte* behandelt werden, wobei Gegenstände jeweils auf Bildungsintentionen bezogen sind. Ich übersehe nicht, daß »Inhalt« – als Substanz der Lernsituation – immer nur *einen*, wenn auch einen sehr wesentlichen, Aspekt der bildenden Einwirkung darstellt, und daß überdies zur Curriculumentwicklung neben der Identifizierung von Bildungszielen und -inhalten auch deren Organisation im Lehrplan und Anweisungen zur Durchführung und zur Erfolgskontrolle gehören. Vor allem in den Vereinigten Staaten wird auf eine all diese Aufgaben verbindende *integrale* Curriculumentwicklung Wert gelegt. Diese hat jedoch ihre Mängel, verführt sie doch leicht dazu, die Operationalisierbarkeit und damit Meßbarkeit von Lernresultaten zum Maßstab für Bildungsziele zu machen, deren *Adäquatheit* in einer Erziehungssituation jedoch *vor* der Wahl der anzuwendenden Mittel und auch unabhängig von der Bestimmung ihrer Kontrollierbarkeit auf Grund kritischer Analyse und rational diskutierter Erfahrung zu überprüfen ist. Eine pädagogische Wissenschaft, die sich weder ausschließlich hermeneutisch als Interpretation der Erziehungswirklichkeit noch ausschließlich empiristisch als System jeweils empirisch verifizierbarer Hypothesen über Sozialisations- und Lernvorgänge, deren Voraussetzungen und Resultate versteht, kann sich nicht der Aufgabe entziehen, rationale und soweit wie möglich objektive Kriterien nicht nur an Erziehungsprozesse, sondern auch an Auswahl und Funktion der Gegenstände zu legen, an denen gebildet wird.[21]

Bevor ich jedoch auf Theorie und Methode einer wissenschaftlich begründeten Curriculumentwicklung zu sprechen komme, sei nach der historischen Situation und nach den anthropologischen Voraussetzungen gefragt, aus denen heraus Kriterien für eine Curriculumrevision in unserer Zeit zu gewinnen sind, sodann nach dem Standort der pädagogischen Wissenszweige, die sich in der deutschen Erziehungswissenschaft unter der Bezeichnung Didaktik den Fragen der Bildungs- und Lehrplantheorie gewidmet haben.

B) Bildung als Erziehung

1. – Bildung als Vorgang, in subjektiver Bedeutung, ist Ausstattung zum Verhalten in der Welt. Daß der Bildungsprozeß sich am Bestand einer Kultur orientiert, daß die Interpretation der Wirklichkeit sich mit Hilfe tradierter Formen und Gehalte vollzieht, widerspricht dieser Aufgabenbestimmung nicht, sondern ist in ihr impliziert. Daher ist eine grundsätzliche Unterscheidung zwischen »Verfügungs«- oder »Leistungs«- und »Bildungswissen« *(Max Scheler)* nicht möglich. Beide sind in dem Begriff der Kompetenz enthalten, zu der sowohl »Macht« wie »Stil« gehören. *A. N. Whitehead,* der die Identität dieser Funktionen in all seinen pädagogischen Schriften betont[1], konnte Bildung (education) definieren als »die Gewinnung der Kunst, sich Wissen nutzbar zu machen«, ebenso aber als »Aktivität des Denkens und Bereitschaft, Schönheit und humanes Empfinden zu erfahren«. Ist einerseits ein Bildungsbegriff ungenügend, der allein von der Vorstellung unmittelbar pragmatischer Ausrüstung für Bedürfnisse realer Existenz ausgeht, so bedeutet doch andererseits »Kultur« als Gegenstand von Bildung nicht schlicht ein zu tradierendes »Erbe«, vielmehr die aus ihm nach Relevanz- und Adäquanzkriterien ermittelte Substanz bildender Gehalte.

Es scheint eine eigentümliche Belastung bildungstheoretischer Überlegungen zu sein, daß die doppelte Aufgabe von Erziehung, einmal die Erfahrung der Lebenswirklichkeit helfend zu begleiten, zum anderen die Formen ihrer geistigen und gefühlsmäßigen Erfassung zu vermitteln, häufig in ihrer grundsätzlichen Einheit verkannt worden ist. In der deutschen Pädagogik deutet die begriffliche Trennung von Bildung und Erziehung auf diesen Umstand hin, eine Unterscheidung, die man im Französischen offenbar allmählich fallenläßt.[2] *Schleiermacher* versuchte den Brückenschlag mit der bekannten Formel: »... daß die Jugend tüchtig werde, einzutreten in das, was sie vorfindet, aber auch tüchtig, in die sich darbietenden Verbesserungen mit Kraft einzugehen«, und bei *Friedrich Paulsen* heißt es: »Zur Bildung gehört eine gewisse Weite der Beziehung zur Wirklichkeit, besonders eine umfassende Berührung mit der geistig-geschichtlichen Welt.«

Georg Picht hat in zahlreichen Ansätzen versucht, den Ort der Bildung zwischen den »Aufgaben« der Gegenwart und den »geistigen Fundamenten« unserer Kultur zu ermitteln.[3] In Sätzen wie diesem:

»Der Bildungshorizont des 20. Jahrhunderts ist also der Horizont, in dem wir befähigt sind, nach den Maßstäben unserer Kultur im Dienste der Zukunft solidarisch zu handeln« (175) ist er bemüht, die Legitimation eines »Bildungskanons«, die »aus der Tradition« erfolgt (150), mit Verantwortlichkeit für die Gestaltung der Zukunft zu verbinden. Eine konkretisierte Darstellung dieser Verbindung ist freilich bei *Picht* nicht zu finden. Man lernt Griechisch, so heißt es einerseits exklusiv, »weil man durch das Erlernen dieser Sprache zum Glied einer Kulturgemeinschaft wird« (51), andererseits wird die Aufgabe einer radikalen Neuerschließung der Vergangenheit als Geschichte erkannt (149/50), und schließlich wird der »Entwurf eines Bildungskanons« auf »die Einigung der großen Mächte einer pluralistischen Gesellschaft« verwiesen und deren Herbeiführung zur »Sache des Staates« erklärt (150).[4] Drei Tendenzen – das Verhaftetsein an klassische Bildungsfundamente, die Anerkenntnis einer notwendigen radikalen Neuorientierung und die Neigung, Verantwortung letztlich im politischen Raum zu konzentrieren – bleiben divergent. Das Problem bleibt offen.[5]

Aber ist die Vorstellung von unserer Epoche als einer, »die im Begriff ist, aus der Tradition herauszutreten« (150), nicht problematisch? Gewiß, eine Zeit, zu deren konstitutiven geistigen Vorstellungen die »Gestaltbarkeit der Zukunft«[6] gehört, die Wissen und Wissenschaften als grundsätzlich grenzenlos erkannt hat, wird ihre Bildungsaufgaben schwerlich in einer Enzyklopädie kanonisieren können. Aber gewinnt nicht dadurch Kultur als tragender Grund von Bildung ihre eigenste Funktion wieder, die ja nicht nur darin besteht, realem Leben Gestalt zu geben, sondern die diesem gegenüber das Ferment des Wandels, Elemente der Kritik und des Regulativen[7] in sich trägt? Gerade diese Aufgabe von Kultur, die keineswegs als »Widerstand« unter der Berufung auf überkommene Orientierungsschemata zu verstehen ist, fordert von »Bildung«, daß sie fortwährend auf der Hut sei vor »inert ideas«, um noch einmal *Whitehead* zu zitieren, vor »Verwesendem« *(Theodor W. Adorno).*[8] Aus der dynamischen Funktion von Bildung in Zeiten rapider Veränderungen der sozial-anthropologischen Basis ergibt sich die Problematik des »Klassischen« als Bildungsnorm, wovon später noch die Rede sein soll.

Im übrigen entspricht jedoch die Vorstellung fortschreitenden Wandels selbst einem Strom westlicher Überlieferung. Das Harvard Committee »On the Objectives of a General Education in a Free Society«[9], das jener Scheinalternative von »Heritage and Change« einen besonderen Abschnitt in dem Kapitel über Theorie der Allgemeinbildung widmet, kommt zu eben diesem Schluß und sieht hierin die Chance des vital notwendigen Kontaktes zwischen geisteswissenschaftlicher und naturwissenschaftlicher Bildung. Und die bildungspolitische Kommission (Educational Policies Commission) der National Education Association hat gerade diese Chance zum Kern ihrer jüngsten Veröffentlichung[10] gemacht. »Die wissenschaftliche und technologische Revolution«, so heißt es dort, »hat das Denken eines jeden in seiner innersten Faser gewandelt... Man ist geneigt anzuerkennen, daß, was jetzt besteht, in der Vergangenheit nicht bestanden haben mag und daß alles in einem Prozeß des Wandels begriffen ist«.[11] Die aus amerikanischen Wissenschaftlern und Pädagogen bestehende Kommission sieht wohl die Gefahr eines steigenden Gefühls der Unsicherheit und Machtlosigkeit angesichts der von den Naturwissenschaften eröffneten Möglichkeiten, aber auch die Chance eines neuen »Bewußtseins« (awareness) und Verantwortungsgefühls, von dem sie glaubt, daß es zu einem neuen Werte-Konsens (community of values) in der modernen Welt führen könnte. Empfehlungen wie die der EPC sind nicht systematische Bildungstheorie, aber sie haben ihr Gewicht als Ausdruck sorgfältig reflektierter Bildungsintention.

Im gleichen Sinne spricht *Kenneth Boulding* vom 20. Jahrhundert als von der mittleren Periode der zweiten großen Wandlung in der menschlichen Geschichte und von »critical acceptance« dieses Wandels als der Haltung, die der Menschheit die beste Chance nicht nur des Überlebens, sondern auch eines besseren Lebens verspricht.[12] Diese »kritische Annahme« habe ihre unmittelbaren und wichtigsten Konsequenzen in der geistigen Sphäre, in der aktiven Haltung der Wissenschaftler und Erzieher zu finden.

»Veränderung« als Wesen dieser Zeit – in Wissenschaft und Technik, in den globalen Maßstäben gesellschaftlichen Bewußtseins und in den vielfältigen Möglichkeiten, Leben und Lebensformen zu manipulieren, in der revolutionären Wandlung der Funktionen von Arbeit und Freizeit, auch in der Wandlung des Bildungsbegriffes selbst – ist oft genug beschrieben worden. Ich kann mich hier damit begnügen, einige Konsequenzen dieser Veränderungen für die Zielsetzungen von Bildung und Erziehung zu nennen und damit zugleich einige Kriterien vorzeichnen, nach denen Bildungsgehalte identifiziert werden können, geht doch die Auswahl der Bildungs-»Inhalte« von dem Postulat eines Konsens über die Gegebenheiten und Anforderungen gegenwärtiger und zukünftiger Existenz aus. Zwar bleibt die Beantwortung der Frage, unter welchen Bedingungen derartige Inhalte verhaltensmotivierend, qualifizierend und normbildend wirksam werden, der Erfahrung und deren Überprüfung vorbehalten. Zunächst aber ist die Stagnation in der Curriculumentwicklung zu überwinden, indem eine als »Bildungsgut« sanktionierte und neutralisierte Auswahl von Inhalten im Lichte jener neuformulierten Ziele revidiert und so in eine lebendige Beziehung zur Gegenwart gesetzt werden kann.

2. – Nicht um der Ermittlung eines Konsens über Kriterien der Auswahl und über ihnen entsprechende Gegenstände vorzugreifen, vielmehr um ihre Notwendigkeit an einigen Aspekten zu illustrieren, seien folgende gegenwärtiger Wirklichkeit adäquate Zielsetzungen erwogen.

Wirksame *Kommunikation*, innerhalb der engeren Kulturgemeinschaft und über sie hinaus, ist fundamentales Bildungsziel in einer Zeit, in der das Verstehen sozialer Beziehungen ebenso wie das elementarer wissenschaftlicher Interpretation Vorbedingung sind für die Orientierung in der Welt. Zu dieser Erziehung zur Kommunikation gehören Einsichten in Kommunikationssperren und Kommunikationshilfen, aber auch in die Sprache der wissenschaftlichen Abstraktion und des Modells. Sie gewinnt besondere Bedeutung in einer Zeit, in der kommunikatives Handeln um nichts weniger wichtig ist als technisch akkurates, in der ferner der einzelne aus der Binnensprache der engeren Gruppe, der Familie oder der Berufsgruppe in die der größeren Gruppe hineinwachsen soll.[13] Zu den Aufgaben der Kommunikationserziehung ist auch die Behebung eines »visuellen Analphabetismus«, von dem *Georges Friedmann* im Zusammenhang mit der Bildung durch Mittel der Massenkommunikation spricht (s. u.), zu zählen.

Sodann ist die Bereitschaft zur *Veränderung* Ziel einer Erziehung, die sich nicht nach Mustern, sondern im Zeichen möglicher, vorauszusehender und auszuhaltender Wandlungen vollzieht. Eine solche Bereitschaft gehört im Bereich der Berufsbildung zur Vorbereitung des hochqualifizierten Facharbeiters wie zu der des hochmobilen Anlerntechnikers. Aber es geht, darüber hinaus, um eine zu gewinnende Lebenshaltung überhaupt, um den Erwerb einer Disposition, immer neue und wechselnde Horizonte der physischen und geistigen Welt aufzunehmen, immer neue Allianzen zu akzeptieren, ohne jegliche Loyalität aufzugeben, und – ähnlich wie in früheren Zeitwenden – neuen Problemen mit Vertrauen auf neue Lösungen zu begegnen.

Eng hiermit verbunden ist die Aufgabe einer Erziehung zur *Wahl* – im Konsum, in der Gestaltung familiären und gesellschaftlichen, in der Umgestaltung staatlichen Lebens, in der Verwendung der Freizeit, kurz: Erziehung zur Fähigkeit, Ziele und nicht nur Mittel zu wählen. Man hat seit eh und je von »geistiger Urteilsfähigkeit« als vornehmlicher Bildungsaufgabe gesprochen. Selten jedoch, wenn je, war die Gefahr einer Desorientierung, einer »absorption anarchique«[14], einer unproduktiven Verquickung von Phantasie und Wirklichkeit so groß wie heute. Daher fordert *Georges Friedmann* der drohenden »formation schizophrénique« gegenüber eine Erziehung zum »choix des messages«. Die Informationsüberflutung durch die Medien der Massenkommunikation versperrt ja häufig den Weg zur *Interpretation*, statt ihn zu eröffnen. Und die modischen Zukunftsprogramme, gerade des Fernsehens, banalisieren die Zukunft und drosseln schöpferische Phantasie.

Autonomie als Bildungsziel bedeutete in der idealistischen Tradition innere geistige Freiheit innerhalb eines akzeptierten – wenn auch kritisierten – Herrschaftssystems, ja, sie ist selbst als hierarchisierendes Prinzip verstanden worden. Sie wird, als Kriterium zur Auswahl von Bildungsgehalten, nun vielmehr eine Verhaltensdisposition zu bezeichnen haben, die durch rationale und kritische Einstellung zu sozialen Formen und Symbolen charakterisiert ist. Da heute Entfremdung nicht nur eine Problematik des Arbeitslebens, sondern des Lebens in einer Kultur überhaupt bezeichnet, gewinnt Erziehung zu autonomem Verhalten eine um so ernstere Bedeutung. Hat man allmählich auch im Osten wieder verstanden, daß polytechnische Bildung eine Form der *Allgemein*bildung ist, die vor Entfremdung durch unbegriffene Arbeit schützen soll, so gehört zu Bildung, darüber hinaus, Erziehung zur sinnvollen Verwendung von Zeit[15] überhaupt. Vor allem aber wird das Konzept der Autonomie im Curriculum relevant, wenn wir daran denken, daß Gegenstände dort effektiv angeeignet, also motivationsbildend werden, wo sie aus der Ebene des bloß Tatsächlichen (Opportunen) in die Ebene des persönlich Bedeutsamen (Relevanten) gehoben werden. Es ist Sache des Curriculum in seiner weitesten Bedeutung, Inhalte sowohl wie die Modi ihrer Vermittlung bezeichnend[16], Kräfte des einzelnen zur selbständigen Reflexion, zur Leistung[17], zur Kreativität anzuregen und freizumachen.

Es scheint der ausdrücklichen Feststellung zu bedürfen, daß die damit beschriebenen Kriterien für die Überprüfung des Curriculum für alle gegenwärtig bestehenden Schulformen gelten müssen. Wird doch auch in neuerer Zeit immer wieder der Versuch gemacht – so etwa in der Diskussion um die Comprehensive School in England[18] –, einem sogenannten »Egalitarismus« im Curriculum[19] die Unterscheidung zwischen »volkstümlicher Bildung« (»a new folk-culture«)[20] und der Bildung für die zur Abstraktion und zum begrifflichen und imaginativen Denken Fähigen entgegenzuhalten, als wäre die Brave New World die einzige Form, den gar nicht zu unterschätzenden Unterschieden von Begabung und geistiger Potenz zu begegnen ...

3. – Einige Konsequenzen aus dem soeben Gesagten für die Planung des Curriculum seien angedeutet. Keines der genannten Ziele kann ohne die Aufnahme *verhaltenswissenschaftlicher Begriffe und Einsichten* in den Bildungskanon erreicht werden. Hat aber das neunzehnte Jahrhundert die Naturwissenschaften im Bildungsplan rezipiert, so hat das zwanzigste ähnliches für die Sozialwissenschaften noch nicht geleistet. Vielleicht lassen sich auch – wie C. P. *Snow* auf den »Zweiten Blick« anscheinend erkannt hat[21] – die naturwissenschaftlichen Methoden und das Gewicht naturwissenschaftlicher Erkenntnisse erst dann vollends als Bildungselemente absorbieren, wenn die »Dritte Kultur«, eben das Universum der sozialwissenschaftlichen Methoden, einer solchen Integration den Weg bereitet. Es ist unwahrscheinlich, daß »Mündigkeit« erreichbar ist ohne Einsicht in die Bedingungen sozialen Lebens und politischen Handelns[22] und ohne daß – auch in einer sich als »pluralistisch« verstehenden Gesellschaft – eine Verständigung erfolgt über die Funktion von Wissen und Wissenschaft in ihrem Bezug zu Wahrheit und ihrer Distanz zum Mythos.

Die klassisch-humanistische Bildungsvorstellung jedenfalls hat diesen Zielen gegenüber versagt. Eine Enquête von »Wort und Wahrheit« über die »Rolle des griechisch-lateinischen Geisteserbes in der Bildungsgesellschaft von morgen«[23] war enthüllend für die Einstellung seiner Verfechter und für ihre Modellvorstellungen auch heute noch.[24] Die Umfrage hat nicht nur eine Reihe von unbegründeten Äußerungen kulturpessimistischer Stimmung gebracht, sondern Mal um Mal auch die unreflektierte Berufung auf den Modellcharakter der klassischen Welt, exemplifiziert etwa in der perikleischen Demokratie (!) ... Die kulturpessimistische Gestimmtheit »humanistischer« Bildungslehre findet sich freilich schon in der Frühzeit des Neuhumanismus, so bei *Wilhelm von Humboldt*[25]: »...in einem Zeitalter ... wo ... die Aufmerksamkeit mehr auf Sachen als auf Menschen, und mehr auf Massen von Menschen als auf Individuen, mehr auf äußeren Wert und Nutzen als auf innere Schönheit und Genuß gerichtet ist«, müsse es »heilsam (!) sein, auf die griechische Nation zurückzublicken...«.[26] *Theodor Litt* hat überzeugend genug aufgewiesen, warum der so bestimmte Umgang mit der Antike – was immer sonst seine Vorzüge seien – den an ihm Gebildeten vor den Anforderungen der modernen Welt versagen läßt. Setzt doch die Betonung des Modellcharakters der Antike in einem systematischen Sinn, also die Behauptung, perennierende menschliche und gesellschaftliche Beziehungen ließen sich am besten an Exempeln der klassischen Überlieferung ablesen, eine Isomorphie voraus, die keineswegs gegeben ist. Man kann in den Verhältnissen einer Zivilisation, deren Produktionsbedingungen, deren gesellschaftliche und politische Verhältnisse und deren Weltbild von unserem so radikal verschieden sind, Normen für Weltverständnis und Verhalten nicht mehr gewinnen. Dies bedeutet nicht etwa, daß den klassischen Kulturen nicht Elemente von exemplarischer Qualität und bedeutender Inspirationskraft eignen. Aber sie fordern Distanz *und* imaginative Identifikation, nicht eine Identifizierung mit einer vergangenen Welt und ihrem Erleben von Archetypen – auch das Motiv der Archetypen taucht immer wieder in der erwähnten Umfrage auf. Wissenschaft als Erkenntnis, Stil als moralisch-geistige Verpflichtung, Ausformung des Möglichen als Lebensmotiv – das sind Inspirationen, welche die westliche Kultur antik-griechischem Vorbild verdankt. Gerade sie aber sind, wie wiederum *Theodor Litt* gezeigt hat, durch die Intention und Interpretation einer vorindustriellen Gesellschaft eher verbaut worden.[27]

In bewußtem Kontrast und dialektischer Formulierung hat *Max Horkheimer* demgegenüber Bildung »für uns und heute« definiert. Gegen den traditionellen idealistischen Bildungsbegriff, wonach Bildung dort ist, »wo ein Mensch sich selbst, gewissermaßen wie ein Kunstwerk, zu gestalten sucht, sich sozusagen selbst zum Objekt der eigenen Formung wird, und nicht, wo er seine Kraft an die Formung der Welt wendet und in dem äußeren gesellschaftlichen Prozeß eingreift«, be-

hauptet *Horkheimer*: »Gebildet wird man nicht durch das, was man
›aus sich selbst macht‹ sondern einzig in der Hingabe an die Sache, in
der intellektuellen Arbeit sowohl wie in der ihrer selbst bewußten
Praxis.«[28]

Es gibt eine »Strategie des Gegenangriffs« der »Humanisten«, als
solche von einem ihrer prominentesten und ernsthaftesten Vertreter
(Hartmut von Hentig) bezeichnet, die von in der Tat zunächst plau-
siblen Positionen ausgeht, um schließlich aber schwerer haltbare einzu-
nehmen. Es sind ja gerade die bedeutendsten Vertreter klassischer
Philologie, welche die Großartigkeit des griechischen Geisteslebens zugleich in ihrer historischen Gebundenheit gesehen haben, ganz zu
schweigen von dem durchaus historisch zu begreifenden und damit zu
relativierenden »Erbe Roms«. Hiermit ergibt sich nun zunächst die
– freilich bescheidenere – Möglichkeit, Gehalte griechischer und römi-
scher Kultur als Paradigmata bedeutender Kulturleistungen in der
abendländischen Tradition und damit der Welttradition zu studieren
– je nach den Voraussetzungen und Bedürfnissen des jungen Menschen.[29] Es scheint aber doch ein weiter Schritt zu sein von hier bis zu
dem Satz, den *von Hentig* »allen Befürwortern von humanistischen
Anstalten« in den Mund legt: »... es muß eine Schule geben, in der
der Mensch mehr zum Widerstand als zur Anpassung, mehr zur Einsicht als zur Information, mehr zum Absoluten als zum hier und jetzt
Gültigen erzogen wird: mehr zu Antigone als zu Kreon.«[30] Ist es aber
die Sophokleische Antigone in ihrer chthonischen Hinneigung, von der
der heutige Mensch Widerstand zu lernen hätte, oder ist es die Antigone *Anouilhs, Brechts* u. a., in eine moderne existenzielle Problematik
oder in Probleme politischen Handelns hineingestellt?[31] Wer wollte be-
streiten, daß das Studium der geistigen Quellen der Antike ebenso wie
das ihrer sprachlichen Grundstrukturen lohnend und beglückend sein
kann? Dies gilt nicht nur für den Gelehrten, sondern für einen jeden,
der hier Inspiration zu suchen vermag. Eine zentrale Position im Curriculum der allgemeinbildenden Schule ist für diese Welt damit nicht
nachgewiesen.[32] Überhaupt mag die Zeit gekommen sein, auch in der
Pädagogik auf einen Wortgebrauch zu verzichten, der historisch wohl
begründet, das »Humanistische« mit der abendländischen Antike exklusiv identifiziert. So spricht *Martin Buber* vom »Biblischen Humanismus«, von dem er (1933) sagt, er könne »nicht, wie der abendlän-
dische, über die Problematik des Augenblicks erheben; er soll zum

Standhalten in ihr, zur Bewährung in ihr erziehen«. Andererseits prägen zum Beispiel *Sir Eric Ashby* und *Georges Friedmann*, jeder in seiner Weise, den Begriff des »technologischen Humanismus« – eine Wortbildung freilich, die dem klassischen »Humanisten« wenig zusagen wird.

Das Problem der Antike im heutigen Bildungsgefüge ist ausführlich behandelt worden, weil in ihm einige einschneidende Konsequenzen aus den oben skizzierten Anforderungen gezeigt werden konnten. Andere Folgerungen, die sich unmittelbar aufdrängen, seien ferner – auch sie als Beispiele – in ihrer Relevanz für Auswahl von Bildungsgehalten angedeutet.

So verhilft der *Sprachunterricht* gewiß zur Einsicht in die Bedingungen der eigenen Sprache und von Sprache überhaupt; ob dank der »Unübersetzbarkeit«[33] des Fremden oder gerade dank seiner Übersetzbarkeit, zumal in der Schule, mag ein Streit um Worte sein. Im Vordergrund jedenfalls steht nicht die nur durch Empathie (einfühlendes Verstehen) überschreitbare *Grenze* der Sprache, sondern vielmehr ihre *Leistung* für Kommunikation. »Spracherziehung« durch »Sprachverfremdung« ist sicherlich das anspruchsvollere, damit aber ein exklusives, wenn auch nicht unerreichbares Ziel.[34]

Gewiß ist die Überschreitung eigener Grenzen in der Empathie auch eines der Ziele der *Geschichtserziehung*, Festigung der Identität und Sicherheit des einzelnen in der Erfahrung von Tradition ein anderes; beide haben einen Unterricht konstituiert, dessen Umkreis vornehmlich durch nationale Geschichte gezeichnet war, dessen Interpretationen primär individuellen Handlungs- und Entscheidungssituationen galten. Sind aber Einsicht in *Entwicklung* und damit Erziehung zum Wirken auf künftige Entwicklungen hin heute zentrale Aufgaben, dann treten andere Aspekte, z. B. weltgeschichtliche Horizonte und soziologische Analysen und Interpretationsweisen, in den Vordergrund. Daß und in welcher Weise hiermit ein *Postulat von Fortschritt* gesetzt ist und wie dementsprechend Auswahl und Präsentierung der historischen Stoffe zu veranstalten sind, ist an anderer Stelle ausgeführt worden.[35]

Selbst für die *Kunsterziehung*, die gewiß eine Existenzerweiterung und -erhellung durch Einfühlung erstrebt, hat *Dewey* (in Anlehnung an *Aristoteles*) schon vor Jahrzehnten das Element der Öffnung ins Mögliche hinein als wesentliche Erziehungsleistung identifiziert.[36] Im gegenwärtigen Curriculum und in den organisatorischen Formen seiner

Durchführung (Prüfung, Auslese, Beförderung usw.) geschieht – wie *Jerome Bruner* in »The Process of Education«[37] mehrfach betont – viel, um algorithmische Fähigkeiten und Fertigkeiten zu fördern, zu wenig, um intuitives und heuristisches Denken in disziplinierter Weise zu üben. Sicherlich ist dies eine der Aufgaben des Kunst- und Literaturunterrichts, fällt aber auch in die Zuständigkeit von Mathematik und Naturwissenschaften.

Denn auch *Mathematik* und *Naturwissenschaften* werden andere Akzente zu setzen haben, wie dies ja die didaktischen Bemühungen der letzten Jahre zeigen[38]: zunächst die *bewußte* Rezeption von Prozessen der Quantifizierung und Abstraktion (Symbole!), Einsicht in die Funktionen von Theorie, Hypothese, Modell, also in empirische Verfahrensweisen und ihre Übung. Kaum weniger wichtig mag in einem frühen Stadium aber auch hier die Vermittlung der Erkenntnis von der Elastizität von Denkformen sein, von der Kunst des »intelligenten Ratens« und der Annäherung, wiederum unter der Bedingung disziplinierter Beurteilung der Phänomene. Schließlich stellt sich das Problem der geistigen und moralischen Konsequenzen naturwissenschaftlicher Sachverhalte und Möglichkeiten. Das gilt auch von der *Biologie*, deren Einsichten für anthropologisches Selbstverständnis stärker in den Vordergrund treten werden.[39]

Es dürfte eine unausweichliche Aufgabe der Curriculumplanung sein, den Ort zu finden, an dem eine Integration von Gehalten sozialer Wissensgebiete, einschließlich der Geschichte und der Geographie und der Naturwissenschaften im Unterricht geschehen kann – eine Aufgabe, die heute zumeist hoffnungsvoll den Schülern selbst überlassen bleibt. Von hier spannt sich wiederum die Brücke zu den *Gesellschaftswissenschaften*, von denen früher schon die Rede war.

Dies also einige Beispiele für die Richtungen, in denen sich die Auswahl verhaltensstiftender Bildungserfahrungen an den zuvor erwogenen Kriterien neu orientieren kann. Dabei sind wir uns der Grenzen der Operationalisierbarkeit derartiger Zielsetzungen wohl bewußt. Aber es geht ja zunächst gar nicht darum, Bildungseffekte zu formulieren, die in ihrer Wirksamkeit unmittelbar testbar sind. Unsere primäre Aufgabe ist vielmehr, Methoden zu entwerfen, durch die gesellschaftlicher Konsens über jene Kriterien und die über sie zu konstituierenden Curricula ermittelt und aktiviert werden kann.

C) Grenzen der »Didaktik«

Es soll hier nicht von den Verfahren der Schulverwaltung bei der Aufstellung und bei der laufenden Kontrolle von Lehrplänen und Richtlinien die Rede sein, auch nicht von der Entstehung solcher Beschlüsse der Kultusministerkonferenz, die – wie z. B. die Saarbrücker Rahmenvereinbarung – das Fächergefüge einzelner Schularten oder -stufen modifizieren. Sie führen letzten Endes nur zu Ergänzungen und Korrekturen der im großen und ganzen konstant bleibenden Bildungspläne. *Erich Weniger* glaubte, in der Institution der *Richtlinien* an Stelle der »starren Lehrpläne« sei ein Zeichen für »die lebendige Freiheit zu sehen«, die der Staat der Erziehung läßt, wodurch er »... den lebendig bildenden Mächten Gelegenheit zur Einwirkung auf die Jugend gibt«.[1] Das Problem der Stagnation im Bildungsgefüge scheint aber vielmehr gerade darin zu liegen, daß eine derartige Freiheit solange nicht besteht, wie sie nicht durch Kommunikation in (bildungs-)politischen Formen aktualisiert wird, und solange die »Erziehung« als Erziehungswissenschaft hierzu nicht die notwendigen Instrumente zur Verfügung stellt.

Deshalb wird in diesem Hauptabschnitt geprüft, inwieweit sich jener Zweig der Erziehungswissenschaft, der sich Didaktik nennt, der Aufgabe gewachsen erwiesen hat oder erweisen kann, Reformen eines einmal kanonisierten Bildungsgefüges in die Wege zu leiten. Zu dem trotz bedeutender Einzelleistungen im ganzen negativen Ergebnis haben vor allem die im folgenden beschriebenen Tendenzen der bisherigen Didaktik[2] beigetragen, die übrigens nicht eindeutig spezifischen Schulen zuzuschreiben, sondern quer durch sie nachzuweisen sind.

1. *Reflektierungen organologischen Denkens*

Zunächst scheint ja gerade für die letzten beiden Generationen von Pädagogen und Erziehungswissenschaftlern eine Wendung zu den *Gehalten* und Gegenständen der Bildung charakteristisch zu sein. *Wenigers* »Bildungslehre« ist ein heroischer Versuch, der »Erziehung« Raum zu schaffen im Gefüge des bestehenden, aber zu überprüfenden und zu aktualisierenden Kanons. Aber konnte ihm dies gelingen von einer

Position her, wie sie 1936 formuliert und seither nie wirklich gändert wurde? »Der Erzieher«, schrieb *Weniger* damals, »findet Erziehungsziele in der Regel immer schon vor. In der Praxis ist die erzieherische Aufgabe gegeben, und wo Theorie und Praxis nach dem Ziel der Erziehung fragen, tun sie es im Hinblick auf diese Gegebenheiten, sozusagen in einem Gedanken-Experiment...«[3] Man meine nicht, es seien hier lediglich formale, gleichsam perennierende allgemeine Bildungsziele gemeint. An anderer Stelle definiert *Weniger*: »Die Aufgabe des Lehrplans ist die Festlegung der Bildungsziele und Auswahl und Konzentration, früher sagte man des Unterrichtsstoffes, heute der Bildungsgüter oder der Bildungswerte: Wir ziehen es vor, von den Bildungsinhalten zu sprechen.«[4] Und von eben diesen Bildungsinhalten heißt es, daß sie aus einem »Kampf geistiger Mächte« hervorgehen. Wie aber diese »Bildungsmächte« wirksam werden, wie das Bildungsprogramm »sich formt«, wo die viel gerühmte Autonomie und Freiheit der Erziehung und auch der Erziehungswissenschaft durch sie und ihnen gegenüber wirksam werden solle, wie etwa durch »Auswahl und Konzentration«[5] Bildungsinhalte bestimmt werden sollen – Antworten auf diese Fragen ist *Erich Weniger* schuldig geblieben. Nicht nur dies, er hat die Kompetenz dafür ausdrücklich abgelehnt, da Theorie »ja nicht im Dienste irgendwelcher Bildungsmächte steht«.[6]

Eben hier, in der Selbstbeschränkung der didaktischen Reflexion auf die Formulierung und die Transposition der gegebenen Inhalte, liegt das zunehmende Versagen einer erziehungswissenschaftlichen Tradition dem geschichtlich Sanktionierten gegenüber, die, auch im eigenen Bewußtsein, ihre Wurzeln in den idealistischen Bildungsvorstellungen und in der »Deutschen Bewegung« hat. Wo doch zuweilen von der Rückwirkung der Bildungsvorgänge auf jene Bildungsmächte die Rede ist, wird das Verhältnis von »Bildungs-« oder »Lebensmächten« und Bildungsprogrammen geistesgeschichtlich beobachtet und interpretiert[7], nicht aber zu einer Theorie der Lehrplanentscheidungen ausgebaut. Der Kreis hermeneutischer Sinnfindung verschließt sich der dazu notwendigen kritischen Analyse.

Auch die Pädagogische Bewegung hat aus dieser Selbstbeschränkung nicht herausgeführt. Sie hat eher die Illusion der Eigenständigkeit und Selbständigkeit erweckt, etwa indem sie vorfindliche, z. B. nationale Ziele, mit pädagogischen Akzenten versah oder indem sie das eigentliche Erziehungsgeschehen in den pädagogischen Situationen und Insti-

tutionen sah und den bildungstheoretischen Auftrag mehr und mehr in
jene didaktische Transformation verlegte. Die Analogie zu ähnlich
organologischen Theorien, etwa in der Politik, liegt auf der Hand.
Auch eine, zunächst frappierende, Verbindung mit positivistischen Tendenzen verstärkt die Analogie. Diesen Sprung von der hermeneutischen
zur positivistisch-empirischen Position scheint mir *Heinrich Roth* auf-
zuzeigen, der ein Kontinuum erziehungswissenschaftlicher Tradition
konstatiert, indem er es als das Verdienst der geisteswissenschaftlichen
Schule *(Dilthey, Nohl, Weniger)* bezeichnet, »die Erziehungswirklichkeit als das tragende Fundament der Erziehungswissenschaft... ent-
deckt zu haben«; heute, so meint er, gehe es nur noch »um den Ausbau
der erfahrungswissenschaftlichen Methoden zur... Steuerung dieser
Wirklichkeit«, also darum, »die intuitive Hermeneutik der Erziehungswirklichkeit... auf erfahrungswissenschaftliche Grundlagen zu stellen...«.[8] Kein Wunder, wenn dieser unmittelbare Übergang dann in
der Position einer erziehungspsychologischen Schule – keineswegs bei
Roth selbst – Ausdruck findet, die Bildungsziele in »selbständige« ein-
teilt, welche »letztinstanzlichen Charakter haben« und nicht durch
rationale Akte, sondern (!) durch »wertende Wahl« oder »Setzung«
bestimmt seien, und in »abhängige Bildungsziele«, zu denen allein die
Psychologie sich äußern könne und müsse, weil sie »instrumentalen
Charakter« besäßen.[9] *Herwig Blankertz*[10] hat kürzlich eben von dieser
Gefahr eines Paktes empirischer Forschung und irrationaler Dezisionen
gesprochen und ihre Wurzeln sehr zutreffend »im geisteswissenschaftlichen Ansatz von Anbeginn« aufgezeigt. In diesem Zirkel bleibt kein
Raum für wissenschaftlich gelenkte Rationalisierung bildungspolitischer Entscheidungen.

II. *Reduktion der Didaktik*

Die Selbstbeschränkung der Didaktik manifestiert sich vor allem darin,
daß sie von einem vorgefundenen Kanon von Wissensgebieten und
Wissenschaften ausgeht und zur Formulierung der ihnen immanenten
Bildungsziele dadurch zu gelangen sucht, daß sie die »Gehalte« der
vorgegebenen Inhalte identifiziert und die Bedingungen ihrer Transposition in den Erziehungs- und Unterrichtsvorgang klärt.

Hat die als »dialektisch« bezeichnete Richtung in der neueren deut-

schen Erziehungswissenschaft hierin eine entscheidende Änderung gebracht? Ihre Vertreter haben ein gut Stück gedanklicher Arbeit und
pädagogischer Erfahrung an die Überwindung antinomischer Konstruktionen, wie der von Bildung als »Gestalt« und Bildung als Haltung, von materialen und formalen Bildungszielen, gewandt und die
notwendige Synthese der »Interessen« »des Kindes« und der Gesellschaft wieder deutlich gemacht. Sie haben sich die Aufgabe gestellt,
aus den vor allem in den Wissenschaften manifest gewordenen geistigen Systemen die bildenden Kategorien zu gewinnen und damit einen
Weg zu zeigen aus den Verfestigungen des traditionalistischen Lehrgefüges. Die Reduktion der Didaktik aber ist durch diese Richtung,
die man – unter dem Aspekt »pädagogischer Kategorialforschung« –
von *Litt* zu *Derbolav* und *Klafki* verfolgt hat[11], nicht aufgehoben
worden, ja es ließe sich vermutlich nachweisen, daß das Kategoriale bei
Klafki letzten Endes wieder stärker in seine unmittelbar unterrichts-
bezogenen didaktischen Funktionen zurückverwiesen wird.[12] Zwar hat
Wolfgang Klafki[13] ausdrücklich nach dem *Was* gefragt und das *Wie*
als sekundär bezeichnet. Er hat die »Erforschung der Lebenswirklichkeit« gefordert als Bezugshorizont für eine Überprüfung des herkömmlichen Bildungsgefüges und sich damit durchaus von dem Kategorialen *Max Schelers* und dem, immer noch erkenntnistheoretisch
verstandenen, *Hermann Nohls* distanziert.[14] Aber auch seine »Kategorie« bleibt gleichsam der Röntgenstrahl, welcher die angebotenen
Inhalte durchleuchtet, auf ihre Grundstrukturen hin untersucht, damit
wenigstens implizite auch ihre psychologischen Funktionen sondiert.
Letzten Endes funktioniert auch das Kategoriale im Bereich dessen,
was als das Elementare, das Fundamentale und das Exemplarische die
bildenden Gehalte, die »Gesetze, Strukturen, Prinzipien, Wirkungs-
oder Sinnzusammenhänge« in den Inhalten aufzufinden sucht. Auch
von ihnen meint *Klafki*[15], sie schienen geeignet, »eine einheitlich ge-
stufte inhaltliche Neugestaltung unseres Bildungswesens zu begründen«, wenn auch in der Verwirklichung »nur langsame Fortschritte«
gemacht würden. Wenn er es jedoch als Aufgabe der Didaktik bezeichnet, die Inhalte auszuwählen, welche »repräsentativ für grundlegende Sachverhalte und Probleme sind«, »die Kategorien und
Strukturen jener geistigen Grundrichtungen zu ermitteln, in denen dem
jungen Menschen heute sein Leben als verpflichtende Aufgabe oder als
freie geistige Möglichkeit gegeben ist«[16], so ist an dieser Stelle zu fra-

gen, durch wen und in welcher Kompetenz die inhaltliche Operations-
grundlage für jene Kategorien festgestellt wird. Wer bestimmt die Aus-
schnitte aus der »geschichtlichen Wirklichkeit«, in der gebildet werden
soll? Ja, wie sollten das »Exemplarische« oder das »Repräsentative«
denn überhaupt jenseits von bloßer didaktischer Effektivität, aber diesseits purer Intuition begründet werden?[17] *Klafki* selbst sagt hierzu,
daß das, »was elementar im Sinne der Bildung ist ... nicht objektivi-
stisch rein ›von der Sache aus‹, d. h. aus den Wissenschaften oder den
Berufsfeldern ›abgeleitet‹ werden (kann), sondern in eigenständiger (!)
didaktischer Besinnung immer wieder in der Zusammenschau der gegenwärtigen geistigen Welt des Kindes und seiner zukünftigen Möglichkeiten und Verpflichtungen bestimmt werden (muß)«.[18]

Hier scheinen mir die Leistung ebenso wie die Grenze dieser Didaktik »exemplarisch« demonstriert zu sein: ihre Leistung in der rationalen Reflexion über die Bildungsfunktion bestimmter Inhalte und in der
Erarbeitung fruchtbarer Fragestellungen über die Erlernbarkeit von
Denkstrukturen und über die motivierende Wirkung verschiedener Inhalte.[19] Das Problem einer systematischen Revision des Gefüges aber,
die Frage nach der *Substanz*, deren Beantwortung eben nur aus einer
Kompetenz heraus erfolgen kann, die in den Wissensgebieten und Le-
bens-, also auch Berufsbereichen selbst liegt – diese Frage ist, bewußt
oder unbewußt, übersprungen.

III. *Analyse in den Grenzen der Kulturtradition*

Das Verhältnis der »Didaktiker« zu den Normen der Curriculumbestimmung ist in jedem Fall prekär, ob sie sich nun unter dem Motto
pädagogischer Autonomie gegen eine Mediatisierung der Schule, etwa
durch die Wirtschaft, zur Wehr setzen oder den Bildungskanon in den
geistigen »Entwicklungen« aufzuspüren suchen. Letzten Endes geschieht dies in Form einer systematischen Analyse der kulturellen Tradition, geht es doch immer wieder um die durch diese bestimmten geistigen Grundrichtungen und fundamentalen Sachbereiche, in die – um
mit *Wilhelm Flitner* zu sprechen – eine »Initiation« erfolgen soll, um
so zu »Kulturmündigkeit«[20] zu geleiten. Auch der Deutsche Ausschuß
(in der 9. Folge der Empfehlungen) nimmt im Grunde diese Position
ein, indem er die Initiationen – und Minimalforderungen – des auch

von den Universitäten (unter dem Gesichtspunkt der »Studierfähigkeit«) sanktionierten Tutzinger Maturitätskataloges übernimmt, geht
dann freilich in der Art, wie er Bildungsinhalte didaktisch selegiert
und normiert (»Funktionsziele«), über diesen Rahmen hinaus.

In der Identifizierung »grundlegender geistiger Gehalte« und in dem
immer wieder mit Geist und Energie unternommenen Versuch, sie mit
den Lebenssituationen der Gegenwart zu amalgamieren, repräsentiert
Wilhelm Flitner diese Richtung eindrucksvoll. Er erklärt sein Programm als hermeneutisch-pragmatisch, steht aber in Wirklichkeit eindeutig in der Tradition eines geisteswissenschaftlichen Kulturbegriffes
und damit in der Abwehr pragmatisch begründeter Bildungsziele. Er
selbst sagt von den Lehrfächern, sie entstammten »ganz verschiedenen
Bedürfnissen, ihre Reihe läßt sich nur historisch begreifen, aber in der
historischen Entfaltung wirkt eine anthropologische Systematik«.[21] Es
wird also die Tradition auf ihre lebensfördernden Gehalte hin analysiert, nicht die Wissensleistung der Gegenwart auf ihre bildende Funktion. Seine Lehrgänge sind geistesgeschichtlich konzipiert[22], und es
kommt ihm »auf die geistige Begegnung mit den grundlegenden Inhalten unserer gesitteten Welt an«.[23] Das »humanistische Ziel« des Stu-
diums ist »die geistige Aufgeschlossenheit für das echte Menschentum,
das sich inmitten der gegenwärtigen Welt zu entfalten, zu behaupten
sucht, indem es sich im Medium der Wissenschaft, des erinnernden,
denkenden, kritischen Geistes, heimisch macht«.[24] Schließlich »geht es
um Begegnung mit geistigen Ursprüngen, die lebendig zu erhalten sind,
weil sie der Bemeisterung unserer gegenwärtigen Situation dienen«,
um »die Möglichkeit eigentlichen Menschentums in dieser inhumanen
Zeit«. In einer merkwürdigen Verengung des Begriffs bedeutet ihm
»pragmatisch« die Ausrichtung des Lehrgefüges auf rein fachliche oder
sogar nur ausbildungs- und studiengerechte Gegenstände, eine Tendenz, die er entschieden – und mit Recht – ablehnt.[25] *W. Flitner* ist es
gelungen, pädagogisches Denken in unmittelbarem Kontakt mit Kulturtradition zu halten und diese auf ihre Präsenz und Relevanz in
unserer Zeit hin zu prüfen. Sein Werk hat dadurch eine Bedeutung
für Lehrplanbemühungen erhalten, wie sie rein didaktischen Überlegungen nicht eignen konnte. Seine Scheu, die unmittelbare Frage
nach den Herausforderungen gegenwärtiger Wirklichkeit zu stellen
und die Orientierungs- und Interpretationshilfe zu beanspruchen, die
für ihre Beantwortung von den geistigen Potenzen in ihrer aktuellen

Ausprägung geleistet werden kann, hat diesem Erfolg seine Grenzen gesetzt.

Man vergleiche die Ergebnisse der hier geschilderten Didaktik mit den Einbrüchen der pädagogischen Wissenschaft und Praxis in das seinerzeit geltende Curriculum der amerikanischen Schulen durch *John Dewey* und seine Nachfolger, um die ganze Spannweite einer möglichen Einflußnahme zu ermessen. Mit diesem Vergleich soll keineswegs einer Form der Curriculumermittlung das Wort geredet werden, wie sie in den USA zu einer Atomisierung der Gehalte und schließlich zu einer Bildungsverarmung geführt hat. Aber das berechtigte Postulat, daß sich Bildung an den großen Realisierungen der Kultur vollzieht, steht nicht im Gegensatz zu der ebenso vitalen Frage *Herbert Spencers:* »What knowledge is of most worth?«[26] Gerade die falsche Alternative: »The enriched mind, quickened appreciation, refined sensibilities, discipline, culture« *oder* »efficient practical action in a practical world«[27] hat häufig positive Entwicklungen der Ermittlung von Bildungsinhalten gehemmt. Die Erkenntnis, daß *an Gehalten* einer Kultur gebildet wird, kann nicht bedeuten, daß wir die Kriterien unserer Auswahl nicht von dem Bildungsziel, das ein *Ziel des Verhaltens* ist, ableiten dürfen. Die tradierte Kultur, gleichsam als objektivierter Geist, ist dieses pädagogische Kriterium nicht. »Kulturmündigkeit« heißt Mündigkeit *in* einer Kultur, nicht *für* eine Kultur, womit ein rein geisteswissenschaftlicher Kulturbegriff freilich sozialanthropologisch umgewandelt wird.

Was jedoch die traditionelle deutsche Didaktik von ihrer zuvor genannten amerikanischen Entsprechung vor allem unterscheidet, ist erstens, daß sie häufig nicht herausfindet aus einer gedachten Antinomie: Humanismus – Realismus, und daß sie zweitens von einer Rangordnung der Empfänger[28] ausgeht, die »wissenschaftliche Grundbildung« nur den »moralisch und politisch Führenden« zudenkt.[29] Sowohl Bildungstheorie als auch Lehrplanentwicklung aber haben heute von der Voraussetzung auszugehen, daß wir – um mit *Comenius* zu sprechen – omnes omnia docendi artificium suchen. Die Diskrepanz aber zwischen Bildungsbedürfnissen und -erwartungen einerseits und den im Grunde unangetasteten Bildungshierarchien andererseits stellt vermutlich nicht nur den eigentlichen »Bildungsnotstand« dar, wie *Strzelewicz* und andere gezeigt haben[30], sondern sie führt auch zum Versagen vor einer Wirklichkeit, in der Bildung und Erziehung von einer Vielzahl von

Partnern geleistet wird (Eltern, Schule, Gruppe, Massenmedien, Arbeitsplatz), unter denen nicht einmal ein Minimum von Konsens, geschweige denn Aufgabenteilung, besteht. Ganz abgesehen von dem sehr komplizierten Problem einer dem Alter entsprechenden »Lernbereitschaft« bleiben jenseits eines gemeinsamen neuen »Kanons« ohne Zweifel Differenzierungen – in den Dimensionen von Tiefe und Breite des Eindringens, in der Sphäre der Herausforderung und Förderung von besonderen Begabungen und Sensitivitäten, in den Motivierungen, in der Erschließung von Möglichkeiten kultureller Bereicherung und in der Entwicklung von Kreativität –, die an Pädagogik und Lernpsychologie gewaltige Anforderungen stellen. Dies aber nimmt dem Desiderat einer Überprüfung des allgemein geltenden Curriculum nichts von seiner Dringlichkeit.

D) Vorbereitung von Curriculumentscheidungen

Gehen wir also von den Voraussetzungen aus,
daß Curriculumforschung und -entwicklung notwendiger und wesent-
licher Bestandteil von Bildungsreform ist;
daß die geltenden Bildungsziele und Bildungsinhalte revisionsbedürf-
tig sind;
daß die »Didaktik« Instrumente für eine wirksame Revision dieser
Gehalte und der durch sie angestrebten Zielsetzungen nicht geschaffen hat,
dann haben wir nun zu fragen, wie denn derartige »Instrumente«
beschaffen sein sollten und wie sie zu konstruieren sind. Mit anderen
Worten: Durch welche Methoden systematisch objektivierender Ermittlung und gesellschaftlicher Organisation können Curriculumentscheidungen so vorbereitet werden, daß sie aus »Beliebigkeit«, aus
pädagogischem oder politischem Dezisionismus heraus in Formen eines
rationalen gesellschaftlichen Konsens gehoben werden? Eine kritische
Übersicht einiger ausländischer Erfahrungen soll eigenen Vorschlägen
zur Initiierung derartiger Prozesse vorausgeschickt werden.

1. *Einige ausländische Erfahrungen*[1]

USA

Nicht zufällig ist schon mehrfach auf das amerikanische Beispiel hingewiesen worden. In der nordamerikanischen Pädagogik lassen sich
drei Phasen systematischer Curriculumarbeit verfolgen. Während die
früheste (ca. 1890–1915) zunächst System und Ordnung in ein aus den
Fugen geratenes Unterrichtsprogramm zu bringen suchte – nicht ohne
sich dabei der Mitwirkung von Fachwissenschaftlern zu versichern –,
unternahm es die zweite (ca. 1920–1950) unter dem wachsenden Einfluß der Sozialwissenschaften und in Nachfolge eines keineswegs immer
richtig verstandenen *John Dewey,* das gesamte Curriculum neu auf
Natur und Bedürfnisse des Kindes und der gegenwärtigen Gesellschaft
zu gründen. Die dabei angewandten Methoden, Bildungsziele (objectives) auf Grund der persönlichen Bedürfnisse (needs) des einzelnen

und auf Grund der Anforderungen an sein Verhalten in der engeren und weiterer Gemeinschaft, in Beruf und Staat zu bestimmen, waren oft grob genug, doch, von führenden Pädagogen proklamiert und durch Hunderte von Schulbehörden reproduziert, haben sie der American Comprehensive High School eine zwar nicht unproblematische, aber vital-bedeutende Existenz ermöglicht.

Die gegenwärtige Phase der Curriculumentwicklung schließlich, *vor* dem Sputnik-Schock einsetzend, aber durch ihn intensiviert, hat den Fachwissenschaftler erneut auf den Plan gerufen.[2] Aus der besorgten Kritik an unzulänglichen Anforderungen und Resultaten des Unterrichts an den öffentlichen amerikanischen Schulen erwachsen, hatte die neue Richtung der Curriculumreform zunächst das erklärte Ziel, »die Kluft zwischen Universität und Schule zu überwinden«. Mit dem Schlagwort der »Structure of Disciplines« proklamiert diese vorwiegend von Fachwissenschaftlern initiierte, aber auch von namhaften Psychologen und Pädagogen unterstützte Bewegung ein didaktisches Prinzip, welches das Erlernen der Grundbegriffe, der Modelle und der theoretischen Prinzipien der wichtigsten Wissenschaften in den Mittelpunkt des Unterrichts stellt. Wenn hiermit auch zunächst eine Konzentration auf verbesserte Lehrpläne für die Höheren Schulen impliziert – Course Content Improvement heißt der entsprechende Titel im Programm der National Science Foundation – und ein Gegensatz zur oben geschilderten mittleren Periode der Curriculumentwicklung gesetzt ist, so war man doch von Anfang an bemüht, diese Bestrebungen in Formen zu lenken, durch die eine Kooperation weiter Kreise gewährleistet würde. Die »Bestrebungen und Wünsche der Öffentlichkeit« – so hieß es im Programm einer der entscheidenden Konferenzen, die mit dem Ziel einberufen worden waren, die Entwicklung »des bestmöglichen Curriculum für die amerikanischen öffentlichen Schulen vorzubereiten« – seien bei Entscheidungen ebenso zu Rate zu ziehen wie »die Ideen der zeitgenössischen Gelehrten und Wissenschaftler«; »die Rolle der Lehrer, der Eltern, der Schulverwaltungen, der Pädagogen, Psychologen, Soziologen« usw. dürfe bei der Planung des Curriculum nicht übersehen werden. Die Konferenz empfahl 1) die Bildung von Studiengruppen zur Revision des Curriculum in den wichtigsten Fächern und Fachgruppen und 2) die Einrichtung von Arbeitsgruppen, die sich, unter Heranziehung von Verhaltenswissenschaftlern, mit dem Gesamtcurriculum, seinem inneren Aufbau und den Bedingungen seiner Verwirklichung zu befassen haben. Verschiedene Formen der Aktivierung all dieser Gruppen wurden sorgfältig erwogen.[3]

Die Stanford-Konferenz ist lediglich eine unter vielen, und die Idee eines Curriculum auf »nationaler Basis« ist in den Vereinigten Staaten nicht unbestritten. Wichtig jedoch ist, daß dort – schon eine geraume Zeit vor dieser Konferenz – der Versuch gemacht wurde, in großem Maßstab an eine Revision der Lehrpläne zu gehen, und zwar in Form einer geplanten Kooperation von Wissenschaften und Öffentlichkeit. Von Bedeutung ist ferner die Betonung systematischer *Information* als Basis für die neuen Curricula. Hierzu sagt *Ralph Tyler*[4]: »Was wir brauchen, ist Information und sachliches Urteil über die gegenwärtigen Bedingungen, Anforderungen und Möglichkeiten, in den internationalen, nationalen und örtlichen Lebensbereichen«, ferner »Information und sachliches Urteil über die Situation der verschiedenen wissenschaftlichen Disziplinen und ihre möglichen Beiträge zur Erziehung von Kindern und Jugendlichen.« Schließlich glaubt *Tyler*, daß es möglich sei, »Unstimmigkeiten und Widersprüche in Zielsetzungen und Beurteilungen in rationaler Weise so zu überwinden, daß gemeinsame Entscheidungen über Curriculum möglich werden«.

Diese weitgesteckten Ziele hat man häufig in methodisch wesentlich schlichterer Form zu verwirklichen gesucht. In Hunderten von Projekten wurden, nicht selten in kürzester Zeit, Kurse, Lehrbücher und entsprechende Lern- und Unterrichtsmittel produziert, die unmittelbar aus dem wissenschaftlichen Bestand akademischer Fachgebiete abgeleitet wurden, ohne daß ihre Bildungsrelevanz – trotz des großen Schlagwortes von der Struktur der Disziplinen – in ausreichendem Maße überprüft werden konnte. Man darf jedoch vermuten, daß die einmal eingeleiteten Prozesse der Revision in dem Maße, wie sie von einer weiteren Erforschung der lernpsychologischen und methodologischen Bedingungen begleitet sind, die ihrer Zielsetzung entsprechende Intensität gewinnen werden. Einer der führenden Curriculumexperten der letzten Generation, *Harold B. Alberty*, ist so weit gegangen, in Analogie zu den großen Laboratorien mit naturwissenschaftlicher und technologischer Aufgabenstellung ein »permanent national curriculum research laboratory«[5] vorzuschlagen, ein Vorschlag, dessen utopischer Klang seiner ernsthaften Begründung keinen Abbruch tut. Anfänge einer solchen intensiven Integration von wissenschaftlich fundierten Curriculumentscheidungen und von wissenschaftlicher Überprüfung der Möglichkeiten ihrer Verwirklichung sind klar in der Arbeit der Gruppen um Harvard erkennbar.[6]

Nicht zu Unrecht wird man in dieser, durch Pressionen aus der politischen und aus der akademischen Welt beschleunigten Entwicklung eine Reaktion auf die geschilderte pragmatische Phase in der Curriculumplanung sehen, ja sogar eine radikale Rückwendung zur wissenschaftsbestimmten Bildungstradition besonders der Höheren Schule. Das bliebe jedoch eine einseitige Betrachtung der Dinge. Gewiß: Die Kritik an dem »weichen« amerikanischen Bildungsprogramm hat nicht nur zu positiven Resultaten geführt. Mit der so ausgelösten forcierten Produktion von Lehrgängen (courses) für Teilgebiete geht nicht nur Streit um den Platz im Curriculum einher, nicht nur die Vernachlässigung so mancher lernpsychologischer Voraussetzungen und in vielen Fällen eine Einschränkung der Lehrerinitiative; vor allem bewirkt sie eine solche Konzentration auf die Bestimmung der jeweiligen speziellen Unterrichtsziele und -schritte, daß die systematische Ermittlung von Zielen und Prioritäten eines umfassenden Erziehungsplanes, der nicht ausschließlich durch das bestehende Wissenschafts- und Lehrgefüge bestimmt ist, eindeutig vernachlässigt wird. Dies war zunächst sehr deutlich an der Beschränkung der großen Projekte auf mathematische und naturwissenschaftliche Lehrgänge erkennbar und am Zögern, Muttersprache, Fremdsprachen und sozialwissenschaftliche Fächer in die Arbeiten einzubeziehen.

Aber man ist nicht stehengeblieben. Das neu erwachte Interesse der Fachwissenschaftler[7] hat seither auch Vertreter der Sprachen und Sozialwissenschaften erfaßt, und es scheint, daß man bereits am Anfang einer neuen Phase der Curriculumentwicklung steht, in der die Kombination zwischen Fachwissen, lern- und entwicklungspsychologischen Voraussetzungen und pädagogischer Erfahrung zu einer wirklichen Integration wird. Der Erprobung neuer Kurse, die bisher ganz deutlich den Vorrang vor einer gründlichen Planung hatte, wird jetzt zunehmend eine Stufe ernsthafter theoretischer Begründung vorangeschickt. Ziele werden von personalen und sozialen Erfordernissen her begründet, und auch die Notwendigkeit eines integrierten Bildungsprogrammes rückt seit einiger Zeit wieder in den Blick.[8] Es ist offenbar eine Bildungstheorie und eine Bildungspraxis im Entstehen, in denen sich die neuere Entwicklung mit Elementen früherer Phasen verbindet und Voraussetzungen schafft für ein Bildungsprogramm nach dem

Motto, daß grundlegende Einsichten in die wichtigsten Wissenszweige Schülern *aller* Alters- und *aller* Begabungsgruppen vermittelt werden können, wenn adäquate *Lernbedingungen* geschaffen werden.[9] Fragen der »learning readiness«, also der altersgemäßen Lernbereitschaft, wurden sorgfältig untersucht, aber als Determinanten zur Bestimmung des Lehrplanes durchaus relativiert. Die Theoretiker eines »common curriculum« sind im Begriff, das Konzept der »Struktur«, den spezifischen Bildungsintentionen von Sprache, Geschichte, politischer Bildung usw. entsprechend, zu modifizieren. Was man auch hier, analog dem für deutsche Entwicklungen Gesagten, als Reduktion der Didaktik bezeichnen könnte, wird in einer Theorie aufgehoben, die zwar »interpretativen« und kognitiven Bildungszielen einen Vorrang einräumt, sie aber in ein weiteres Gefüge einordnet, in dem die sozialisierende Aufgabe der Schule wieder zu ihrem vollen Recht kommt.

Ein Blick auf die finanziellen Leistungen der USA für Curriculumentwicklung soll diese Beobachtungen ergänzen. Ein einziges der größeren Curriculumprojekte, das sich über ca. fünf Jahre erstreckt, kostet etwa 1 Million Dollar pro Jahr, wozu eine weitere Million kommt, die für die erforderlichen Lehrerfortbildungskurse aufgewandt wird.[10] Mit der wachsenden Einbeziehung neuer Fächer steigt das finanzielle Engagement. Ende 1965 wurden unter den Titeln des National Arts and Cultural Development Act (1964) über 60 Forschungsvorhaben zur Verbesserung der Lehrpläne und des Unterrichts in geisteswissenschaftlichen Fächern (Arts and Humanities) initiiert.[11] Dem Office of Education der Bundesregierung stehen im Haushaltsjahr 1967 39,8 Mill. Dollar für Curriculumprojekte und anschließende Veranstaltungen zur Lehrerbildung zur Verfügung, der National Science Foundation für die gleichen Zwecke 37,35 Mill. Dollar. Ihre Partner finden sie nicht nur an den Universitäten, sondern darüber hinaus in den Training Colleges, den staatlichen Schulbehörden und in gewissem Maße auch in den Fachlehrerverbänden, über das ganze Land verstreut.

Unterschiedliche, zum Teil widersprüchliche Tendenzen mögen in den Unternehmungen zur Curriculumentwicklung in den Vereinigten Staaten erkennbar sein, ihre Ergebnisse sehr häufig nicht über schnell fabrizierte neue Kurse nebst den dazu gehörigen, kommerziell geschickt verbreiteten speziellen Lehrmitteln hinausgehen. Das Wesentliche ist die Einsicht in die Notwendigkeit, den gesamten Bildungsplan in gemeinsamen Arbeitsformen zu revidieren, durch die alle erreichbaren wissenschaftlichen Erkenntnisse und Methoden mit pädagogischen Erfahrungen und mit gesellschaftlichen Bildungseinflüssen integriert werden sollen, und der Einsatz enormer Mittel zur Entwicklung der notwendigen wissenschaftlichen und organisatorischen Methoden und zur Durchführung von Projekten bisher ungekannten Ausmaßes.

England

In mancher Hinsicht den amerikanischen Curriculumunternehmungen nicht unähnlich, vollziehen sich die englischen Arbeiten doch in einem Rahmen, der nicht nur organisatorisch, sondern auch in den pädagogischen Impulsen von jenen verschieden ist. Ihren Ausgang nimmt die Curriculumentwicklung in England von der Initiative privater Stiftungen, allen voran von den durch die Nuffield-Stiftung unterstützten Curriculumprojekten, die sich zumeist im Rahmen der traditionellen Schulfächer bewegen. Das bekannteste ist das »Science Project«, das, mit einem Budget von 1 Million Pfund in den Jahren 1962–1965, das gesamte Gebiet des naturwissenschaftlichen Unterrichts in den Primar- und Sekundarschulen, also für alle Alters- und Begabungsgruppen, behandelt hat. Im Laufe der Zeit sind andere Fächer wie Mathematik, die Muttersprache, alte und moderne Fremdsprachen und die sozialkundlichen Fächer hinzugekommen.

Einerseits von der viel gerühmten Autonomie – auch der Lehrplan-Autonomie – der englischen Schule und von der Pluralität der zuständigen Erziehungsbehörden ausgehend, in der Erkenntnis andererseits, daß es in Wirklichkeit nicht nur infolge der zentralen Prüfungen, sondern ebenso als Ausdruck gemeinsamer Bildungs- und Schultraditionen ein gemeinsames Curriculum gibt, dessen Weiterentwicklung nunmehr »im Sinne der sich wandelnden Kulturformen« immer wichtiger wird, ist das »Schools Council for the Curricula and Examinations« ins Leben gerufen worden. Als kooperative Einrichtung hat es die Aufgabe, alle initiativ und ausführend an Curriculumentwicklung Beteiligten in wirksamer Arbeit zusammenzuführen.[12] Es hat bereits die Bemühungen der Nuffield-Stiftung mit eigenen Ansätzen integriert, gemeinsam mit Regierungsstellen, aber auch mit der Confederation of British Industry Untersuchungen initiiert[13] und einen angesichts der Vielfalt der beteiligten Institutionen eindrucksvollen Fluß von Kooperation und Information zustande gebracht. Lehrer und ihre Organisationen, Universitäten, insbesondere deren pädagogische Institute, Forschungsinstitute und Pädagogische Hochschulen (Colleges of Education), nicht zuletzt die Local Education Authorities und das Inspektorat arbeiten – getrennt, aber doch in Übereinstimmung – an Projekten, die sich zum Teil weiterhin auf bestimmte Fächer oder Fächerkombinationen richten, in zunehmendem Maße aber integralen Problemen gewidmet sind, wie z. B. das Projekt »Curricula and Examinations in 6th Forms« oder das große ›nationale Projekt‹ »Raising of the School Leaving Age«, das sich mit den Konsequenzen dieses für 1970 geplanten Schrittes befaßt.

Ein starker Akzent bei den Arbeiten, die in Verbindung mit dem Schools Council unternommen werden, liegt auch hier auf der Messung von Lernergebnissen als einem wichtigen Element von Curriculumforschung. Aber daneben werden in England ebenso wie in den Vereinigten Staaten die Fragen nach »größerer Relevanz im Curriculum« nach »engerer Artikulierung der Verbindung zwischen Schule und Arbeit«, nach einem verstärkten Anteil der »Humanities« gestellt.[14] Neben Untersuchungen über ein »effektives Curriculum« und über den »effizienten Lehrer«, neben Erarbeitung neuer Lehrmittel und die Erprobung ihrer Wirksamkeit, wie sie schon die Nuffield-Stiftung gefördert hatte, neben die Untersuchung der »Interaktion von Persönlichkeitsfaktoren und Schulleistungen« stellt sich die ausdrücklich wiederholte Frage *Spencers*: »What knowledge is of most worth?«

Immer wieder wird das Interesse des einzelnen Lehrers und seiner Schule als Mittelpunkt aller Bemühungen betont, und es ist wiederum charakteristisch, daß eine ganze Reihe von Lehrern zur Teilnahme an einzelnen Untersuchungen freigestellt wurde. Dabei bleibt das Schools Council eine zwar vom Staat finanzierte, aber unabhängige Institution, deren Veröffentlichungen lediglich als Empfehlungen gelten. Man lasse sich jedoch von diesen zurückhaltenden Formen nicht über den angestrebten und offenbar notwendigen Effekt dieser Organisation täuschen. Mit einem jährlichen Budget, das 1966 300 000 Pfund betrug, 1970 aber *elf*mal so hoch sein soll, wird es in der Lage sein, größere und umfassendere Untersuchungen zu koordinieren und zu finanzieren, auch wenn diese nach wie vor von Dutzenden von Forschungsinstituten und Hunderten von Local Authorities und Mitarbeiterteams ausgeführt werden. Das künftige Ziel läßt sich etwa an den

Plänen für das »English Project« ablesen, in denen es heißt: »Es soll das Projekt als ein Zehn-Jahres-Programm für Forschung und Entwicklung angesehen werden, vom Council integriert und koordiniert, aber nach und nach die aktive Teilnahme von immer mehr Lehrern und Wissenschaftlern in Schulen, Colleges und Universitäten beanspruchend und bereits in Ausführung begriffene Arbeiten ergänzend.«[15]

Wieweit eine auch in der englischen pädagogischen Literatur erkennbare Tendenz zu einer radikaleren Überholung des Bildungsplanes in diesen Arbeiten Ausdruck finden wird, läßt sich vorläufig schwer beurteilen. Schon jetzt aber wird in den Veröffentlichungen gefordert, daß aus den ad hoc-Projekten Instrumente für eine »rolling reform« entwickelt werden und daß örtliche Curriculum Centres eingerichtet werden, die diese Arbeiten in die spezifischen Bedingungen des lokalen Schulwesens übertragen.

Schweden

Als ein weiteres Beispiel für ausländische Curriculumforschung seien die schwedischen Untersuchungen genannt, die durch gemeinsame Initiative des Industrierates für soziale und ökonomische Studien (SNS) und staatliche schwedische Erziehungsinstanzen ermöglicht wurden.[16] In ihrem pragmatischen Akzent gehen sie zum Teil bewußt auf *ältere* amerikanische Tendenzen zurück, indem sie die bestehenden Lehrpläne und möglichst exakt gemessene Unterrichtsresultate im Lichte der Erfordernisse von Beruf, Studium und staatsbürgerlicher Verpflichtung kritisch überprüfen. Ihr Ansatz besteht im wesentlichen darin, Entscheidungen über Curriculumprioritäten, zunächst für die Hauptschule und für das Gymnasium, durch Befragung der »Abnehmer« von Schulabsolventen vorzubereiten.

So wurden zum Beispiel die Leistungen der Abgänger von Volks- und Mittelschulen in einer Reihe von Fächern festgestellt und mit den Anforderungen verglichen, die von den wichtigsten »Empfängern«, d. h. in Gymnasium, Beruf und Betrieb, an sie gestellt werden. Eine weitere Serie von Untersuchungen befaßte sich mit dem Curriculum der Gymnasialoberstufe. In diesem Falle sind »Abnehmer« Universitäten und andere Hochschulen sowie Wirtschaft und Verwaltung. Auch hier sollte festgestellt werden, wie sich die nach dem Zeugnis jener

»Abnehmer« erforderlichen Bildungseffekte zu den tatsächlich angestrebten (und erreichten) verhalten. Mit anderen Worten: Intentionen, Methoden und Resultate der gegenwärtigen Praxis werden systematisch mit Leistungserwartungen und feststellbaren Anforderungen am Studien- und Arbeitsplatz konfrontiert.

Ohne auf eine Reihe interessanter Unterschiede in den Methoden der verschiedenen Untersuchungen einzugehen, kann man von ihnen sagen, daß sie sich bewußt auf die Feststellung einer Reihe vornehmlich kognitiver Lerneffekte beschränken und daß man bei diesen Verfahren zur Ermittlung von Bildungsbedürfnissen und zur Vorbereitung curricularer Entscheidungen im Sinne einer raschen bildungspolitischen Effizienz mit relativ groben Kriterien gearbeitet hat. Die angewandten Befragungsmethoden lassen verhältnismäßig schmalen Raum für eine bildungstheoretisch fundierte kritische Auswertung der erhobenen Meinungen über wünschenswerte Prioritäten in der Auswahl von Bildungsgehalten. Von vornherein hatte das Schulkomitee von 1957, in dessen weiterem Rahmen sich auch die Curriculumstudien vollzogen, die Aufgabe, »notwendige Untersuchungen über die Ziele der Schule und ihre Zweckbestimmung in der Gesellschaft auszuführen«. Ferner heißt es von den Curriculuminhalten, sie seien von Zeit zu Zeit »auf ihre Zweckmäßigkeit für die Einführung der jungen Generation in die Gesellschaft hin zu überprüfen«. *Torsten Husén* räumt ausdrücklich die, wie er glaubt, notwendige grundsätzliche Beschränkung der schwedischen Curriculumstudien auf Gegenstände sozialer Utilität ein. Er erklärt, daß seine und seiner Kollegen Untersuchungen nur einige durch empirische Verfahren ermittelbare Grundlagen für Curriculumrevision erstellen wollten, eine wissenschaftliche Hilfe für Entscheidungen, die letzten Endes Sache einer umfassenderen Curriculum*politik* seien. Es sei, so heißt es, ganz bewußt nur *ein* bedeutender »Satz von Fakten« als Entscheidungsgrundlage ermittelt worden, und man dürfe »das, was bestimmte Gruppen von Bürgern brauchen«, nicht für Feststellungen über das erforderliche Curriculum ganz allgemein halten.

Um so auffälliger ist es, daß die politischen Instanzen sich nicht gescheut haben, auf diese Untersuchungen weitgehende Revisionen nicht nur in den Lehrplänen einzelner Fächer, sondern auch im Lehrgefüge überhaupt zu gründen, die schließlich in die große organisatorische Reform der schwedischen Schule einmündeten. Es dürfte in der Tat ein charakteristischer Zug der Zusammenarbeit schwedischer Bildungsforschung und Bildungspolitik sein, daß die Wissenschaftler in bewußter und, man möchte sagen, asketischer Erkenntnis der Grenzen empirischer Forschung sich darauf konzentrieren, in einem intensiven Bemühen gewisse Bedingungen und kritische Alternativen der aktuellen Bildungsentwicklung zu untersuchen, und daß die Politiker sodann die Entscheidungen zu treffen bereit sind, die ihnen die Ergebnisse jener Untersuchungen gestatten. Bei allen kritischen Vorbehalten darf man jedoch in jedem Fall in der schwedischen Curriculumforschung einen energischen Anstoß sehen, der nicht nur im eigenen Lande beachtenswerte Ergebnisse in der pädagogischen Praxis gezeitigt hat, sondern dem auch Untersuchungen in anderen Ländern, unter ihnen unsere eigenen Pläne, verpflichtet sind.

Organisation for Economic Co-operation and Development

Vielleicht kommt es überhaupt zunächst weitgehend auf den katalytischen Effekt solcher Studien an, den auch die OECD-Serie von Curriculumprojekten für sich in Anspruch nimmt. Die Aktivität, welche die OECD durch ihr Committee for Scientific and Technical Personnel in der Curriculumreform entfaltet hat, ging zunächst fraglos von den für diese Organisation konstitutiven Zielen aus, die Qualität wissenschaftlicher und technischer Ausbildung in den Mitgliedstaaten zu erhöhen und, soweit tunlich, zu vereinheitlichen. Die Aktion verstand sich als Unterstützung der Bemühungen von Wissenschaftlern und Pädagogen dieser Länder, eine unbefriedigende Lage in der Ausbildung wissenschaftlichen und technischen Nachwuchses zu verbessern. Eines der erklärten Ziele war es, mehr Absolventen der höheren Schulen dem Studium der Naturwissenschaften und der technischen Fächer zuzuführen, aber auch die Qualität des Unterrichts in den mathematischen und naturwissenschaftlichen Fächern zu heben und damit bessere Unterrichtsresultate überhaupt zu erzielen. Über 2 Millionen Mark, die schon zwischen 1958 und 1963 zur Finanzierung von Konferenzen, Expertisen, Veröffentlichungen und Unterrichtsmaterialien investiert wurden, haben nicht unwesentlich zur Klärung bildungstheoretischer Probleme, vor allem aber zur Erörterung und zum Teil zur Lösung didaktischer und methodischer Fragen des Unterrichts in diesen Fächern beigetragen.[17]

Dennoch wurde es, wie erwähnt, mit Abschluß der ersten Phase der OECD-Bemühungen klar, wieviel komplizierter als erwartet Curriculumprobleme sind, und daß hier langfristige systematische Untersuchungen angestellt werden müssen. Eine zunächst abschließende Darstellung der bisherigen Arbeit der OECD kommt daher zu dem Ergebnis, daß ihr »wertvollster Beitrag darin bestand zu demonstrieren, wie die notwendigen Quellen einer Curriculumreform eröffnet und entwickelt werden können«, ferner, daß sie eine bedeutsame »katalytische« Wirkung auf nationale Bildungspolitik und auf nationale Bemühungen um Bildungsentwicklung hatten.[18]

Sowjetunion

Ganz allgemein ist zunächst festzustellen, daß es mit der Schulreform von 1958 zu einer Wiederbelebung pädagogischen, insbesondere didaktischen Denkens in der Sowjetunion gekommen ist. Begriff und Praxis allgemeiner und polytechnischer Bildung mußten erneut definiert und zum Gegenstand pädagogischer Forschung werden, Organisation und Koordination dieser Forschung zu einer wichtigen Aufgabe der Akademie der pädagogischen Wissenschaften (APN).[19] Der Kritik der Lehrbücher[20], den systematischen Bestrebungen zur Modernisierung des Unterrichts und den Ansätzen zu stärkerer individueller Differenzierung schloß sich die Arbeit einer Kommission zur Bestimmung der Bildungsinhalte an.[21]

Im Juni 1962 wurde in einer Sitzung der Akademie der Pädagogischen Wissenschaften die Bildung einer staatlichen Kommission vorgeschlagen, die die neuen Inhalte der »Mittelschulbildung« (höheren Schulbildung) erarbeiten sollte. Im Herbst 1964 wurde eine solche Kommission in der Tat ins Leben gerufen; sie hatte im Herbst 1966 die erste Phase ihrer Arbeit abgeschlossen. »Zum erstenmal in der Geschichte der sowjetischen Schule«, so erklärte der Vizepräsident der APN der UdSSR, *A. I. Markuschewitsch*[22], »kam es zu einer so weitgehenden Zusammenarbeit zwischen den führenden Wissenschaftlern der wichtigsten Wissenszweige, Pädagogen und der Öffentlichkeit des Landes. Mehr als 2 Jahre wirkten in der Kommission etwa 500 Gelehrte und Pädagogen mit. Die Zahl derjenigen aber, die an der Ausarbeitung und Erörterung der Programmentwürfe teilnahmen, beläuft

sich wahrscheinlich auf mehr als 10 000 Personen.« Als erstes »Prinzip«
der Kommissionsarbeit bezeichnet *Markuschewitsch* das Bestreben,
»den Inhalt der Schulbildung mit dem heutigen Stand der Wissenschaft, Kultur und Technik in Einklang zu bringen«. Zwar scheint es,
daß zunächst auch in der Arbeit dieser Kommission die drei weiteren
von M. genannten »Prinzipien«, solche der Lehrplanorganisation, der
Didaktik und der pädagogischen Differenzierung im Vordergrund
standen. Aber man ist hierbei nicht stehengeblieben. Immer wieder
richtete sich die Diskussion auf Entwicklungen der Fachwissenschaften
und der pädagogisch-psychologischen Erkenntnisse, mit denen die
Lehrpläne in keiner Weise Schritt gehalten hatten. Wie ernst man den
Reformauftrag nahm, wie sehr er an die Grundsätze des Bildungsgefüges rührte, läßt sich aus der Beurteilung der Kommissionsarbeit
durch ihren stellvertretenden Vorsitzenden *Arsen'ev* erkennen, der erklärte: »Wenn der Inhalt der Schulbildung dem jüngsten Stand der
wissenschaftlichen Kenntnisse entspricht, so wird dies als der bedeu-
tendste Schritt auf dem Wege gelten können, den Unterricht enger mit
dem Leben zu verbinden.«[23] Kein auch nur einigermaßen mit den
Diskussionen um die polytechnische Erziehung Vertrauter wird über-
hören, wie hier die neuere Revision der Bildungskonzepte sanktioniert
wird.

Die Ergebnisse der Kommissionsarbeit sind laufend einigen tausend
Vertretern der pädagogischen Öffentlichkeit zur Diskussion vorgelegt
worden, ein Vorgang, der sich mit einem zweiten, überarbeiteten Entwurf wiederholte, bis schließlich der dritte Vorschlag in einer Regie-
rungsverordnung vom November 1966 Niederschlag fand. Auf der
Grundlage der von der Kommission erarbeiteten Richtlinien sollen
durch die Sektionen nunmehr detaillierte Pläne, Lehrbücher und andere Arbeitsmaterialien erstellt werden. Bis zum Schuljahr 1970/71 soll
dieser Prozeß abgeschlossen sein.[24]

Die »didaktische« Diskussion geht auch außerhalb der Kommissionsarbeit weiter. In der Jahresversammlung der Akademie von 1966 forderte *Ogorodnikov* die Überprüfung der Bildungsinhalte auf breiter
theoretischer Basis.[25] Ein Jahr zuvor hatte eine Diskussion über einen
pädagogischen Vorstoß stattgefunden, der sich gegen die Beschränkung
der Didaktik auf Unterrichtsmethoden wandte und ihre Rechte bei der
Bestimmung der Unterrichtsgegenstände nachdrücklich forderte.[26] Allgemein hat man sich die Aufgabe gestellt, die »leitenden Ideen« eines

jeden Unterrichtsfaches neu zu bestimmen und seine »Struktur« und das zu fordernde wissenschaftliche Niveau festzulegen, und man bedauert, noch zu wenig Unterstützung durch gesicherte Resultate psychopädagogischer Forschung zu erfahren.

Keine der geschilderten Prozeduren aus West und Ost und keine ihrer theoretischen Grundlegungen ist als abgeschlossenes Modell für Curriculumentwicklung zu erachten, keine kann generell als Vorbild angesehen werden. Die Akzente sind unterschiedlich verteilt: Hier werden didaktische Grundsätze erarbeitet, dort stehen die Effektivität und überprüfte Erfüllbarkeit von Lehrplänen im Vordergrund; hier geht es um Feststellung der Erfordernisse an Bildung und Ausbildung, dort um die propädeutische Leistung der Höheren Schule usf. Insgesamt jedoch demonstrieren die angeführten Beispiele eine Bereitschaft zu konzentrierter Reformarbeit und zu deren theoretischer Grundlegung sowie zu einem ungewöhnlich starken personellen, organisatorischen und finanziellen Aufwand, zu dem ein jedes Land bereit sein muß, dessen Bildungswesen nicht stagnieren soll. Daß es sich bisher eher um Versuche als um theoretisch und methodisch voll durchdachte Modelle handelt, ist bei der Komplexität des Gegenstandes nicht verwunderlich. Die folgenden Überlegungen sind ein theoretischer Entwurf für zukünftige Curriculumforschung und -entwicklung, wobei der Akzent auf der Ermittlung von Zielen und Inhalten liegt.

II. *Was müssen Untersuchungen zur Ermittlung von Curriculuminhalten leisten?*

1. – Aufgaben und Voraussetzungen einer Curriculumforschung
   (Rationale)

Unter den zahlreichen Entscheidungen, die im Erziehungsprozeß zu treffen sind, ist keine wichtiger als die über das *Was*, über die *Inhalte*, durch die gebildet wird. Werden aber heute Erziehungs*mittel* und Unterrichts*technik* – unbeschadet normativer Zielsetzungen, die auch in ihnen zum Ausdruck kommen – auf Grund reflektierter Erfahrung und, in zunehmendem Maße, auch auf Grund der Ergebnisse kontrollierter Erprobung gewählt und fortentwickelt, so kann von einer analogen Rechtfertigung der Entscheidungen über Auswahl und Priorität der Bildungsinhalte durch rationale Begründungen und objektive Erkenntnisse nicht die Rede sein, obwohl implizite auch diesen Entscheidungen ein Konsens über die Voraussetzungen und die beabsichtigten Konsequenzen der Auswahl zugrunde liegt. Mit anderen Worten: Die Tatsache, daß auch die Wahl der Curriculuminhalte als verantwortbar und begründbar gilt, findet keine Entsprechung in den tatsächlichen Vorgängen der Curriculumentwicklung.

Unter dem Druck der unausweichlichen Forderung nach Aktualisierung des Curriculum, d. h. nach der Überwindung seines Rückstandes, und bei der Komplexheit der zu berücksichtigenden Faktoren wird es aber nunmehr notwendig, diesen Konsens zu rationalisieren, ihn bewußt einer intersubjektiven Überprüfung durch systematische Kritik und andere kontrollierbare Methoden zugänglich zu machen. Es handelt sich somit darum, inhaltliche Curriculumentscheidungen aus schierem Dezisionismus herauszuheben – wer immer sich die Normenkompetenz aneignet – und auf ausgesprochene und akzeptable Kriterien zu gründen. Jener Konsens, der in dem normativen Anspruch geltender Bildungspläne impliziert ist, soll in einer Reihe von Ermittlungen überprüft und aktualisiert und mit den neueren Ergebnissen der Wissenschaften konfrontiert werden.

Mit einem solchen Versuch systematisch-rationaler Revision von Curriculumentscheidungen soll der Erziehungswissenschaft ein Gebiet erschlossen werden, für das Methoden erst aufgefunden, Instrumente erprobt werden müssen, ja, dessen Probleme in ihrem vollen Ausmaß noch nicht einmal bekannt sind. Gewiß ist, daß wir innerhalb eines Methodenhorizontes zu operieren haben, der hermeneutisch gewonnene Identifizierung von Bildungsgehalten, sozial-wissenschaftliche Instrumente der Ermittlung gesellschaftlicher und wirtschaftlicher Anforderungen, die Ergebnisse empirischer Verhaltensforschung und kritische Methoden von Analyse und Wertung einbezieht. Der Mehrdimensionalität der Aufgabe entspricht die Notwendigkeit einer interdisziplinären Behandlung, die über bloße Addition von Informationen und Instrumenten hinaus an Grundprobleme eben jenes Methodenhorizontes heranführt.

Wir gehen also von den Annahmen aus, daß in der Erziehung Ausstattung zur Bewältigung von Lebenssituationen geleistet wird; daß diese Ausstattung geschieht, indem gewisse Qualifikationen und eine gewisse »Disponibilität« durch die Aneignung von Kenntnissen, Einsichten, Haltungen und Fertigkeiten erworben werden; und daß eben die Curricula und – im engeren Sinne – ausgewählte Bildungsinhalte zur Vermittlung derartiger Qualifikationen bestimmt sind. Damit ergibt sich für Curriculumforschung die Aufgabe,

Methoden zu finden und anzuwenden, durch welche diese *Situationen* und die in ihnen geforderten *Funktionen,*

die zu deren Bewältigung notwendigen *Qualifikationen*

und die *Bildungsinhalte* und *Gegenstände*, durch welche diese Qualifizierung bewirkt werden soll,

in optimaler Objektivierung identifiziert werden können. Eine solche Identifizierung wiederum kann nur erfolgen, indem die Adäquatheit und Effektivität bestimmter Inhalte zum Erwerb jener Qualifikationen und die Adäquatheit und Effektivität der Qualifikationen zur Ausübung eben jener Funktionen und zur Bewährung in den ausgemachten Lebenssituationen systematisch überprüft werden.

Wenn im folgenden – nicht ohne kritische Anlehnung an manche der im letzten Kapitel erwähnten ausländischen Erfahrungen – der Versuch gemacht wird, Methoden und Instrumente zur Lösung der hiermit umrissenen Probleme der Auswahl und Revision von Bildungsinhalten zu bedenken, so geschieht dies unter folgenden Voraussetzungen:

a) Obwohl die Auswahl der Inhalte und ihre Integration für jede Bildungsphase im Detail zu leisten wäre, handelt es sich doch zuerst um die übergeordnete Aufgabe, den Gesamtinhalt dessen festzustellen, was von einem Schüler im Laufe seiner Schulzeit erfahren werden muß, damit er für ein mündiges, d. h. sowohl personell als auch ökonomisch selbständiges und selbstverantwortetes Leben so gut wie möglich vorbereitet sei.[1] Es empfiehlt sich also, zunächst eine Curriculumermittlung für die gesamte Schulzeit, für die Elementar-, Primar- und Sekundarstufen, anzustellen, deren Ergebnisse daraufhin differenziert und integriert werden müssen. Die sicherlich nicht zu vernachlässigenden Probleme der Organisation des Curriculum, mögen sie nun zeitliche Sequenzen oder inhaltliche Ordnungen betreffen, dürfen doch als sekundär angesehen werden.

b) Ich habe schon in anderen Zusammenhängen zu zeigen versucht, daß das Curriculum nicht als mit der Kulturtradition organisch gewachsen oder im System der Wissenschaften vorgeformt angesehen werden kann. Wenn wir, wie sogleich zu zeigen ist, dennoch bei der Überprüfung der Bildungsinhalte zunächst von dem Universum der Fachwissenschaften ausgehen, so deshalb, weil vorrangig durch ihre verschiedenen Disziplinen die Beobachtung und Interpretation der Wirklichkeit, immer bezogen auf Gegebenheit und Möglichkeit, auf Gegenwart und Zukunft, systematisch unternommen wird, und weil durch ihre Methoden und Resultate der Mensch diese Wirklichkeit zu bewältigen unternimmt. Insoweit ist die Suche nach dem Kategorialen oder nach den »structures of the disciplines« als eine Teilaufgabe der Curriculumermittlung berechtigt. Wir können jedoch im didaktischen Zusammenhang weder die akademischen Fachabgrenzungen übernehmen noch die fachimmanenten Zielsetzungen – die überdies vieldeutig sein können – ohne weiteres auf die Bildungsleistung dieser Fächer übertragen.

c) Ferner ist die Perspektive der Fachdisziplinen durch weitere Perspektiven der Einübung von Fertigkeiten und der kognitiven und affektiven Erziehung zu ergänzen, die nicht oder doch nicht unmittelbar am Universum der Wissenschaften abzulesen sind. Sie sind, abgesehen von elementaren Zivilisationsfertigkeiten, in den Bereichen anthropologischer Wissenschaften wie auch in denen von Kunst, Philosophie usw. zu suchen.[2] Schon die Vorentscheidungen über Ausdehnung und Abgrenzung des gesamten Feldes aber, über das sich die Auswahl von Curriculuminhalten erstreckt, können nicht von der »Pädagogik« allein getroffen werden, sondern sind Sache einer Bildungsforschung, die sich dabei der Mitarbeit der anthropologischen Wissenschaften zu versichern hat.

2. – Ein Modell zur Curriculumrevision (Operation)

Mit den folgenden abschließenden Bemerkungen soll nun in der Art eines Modells von Curriculumforschung und -entwicklung gezeigt werden, wie die notwendigen Entscheidungen vorbereitet und induziert werden können. Der oben genannten Aufgabe, Situationen und Funktionen, Qualifikationen und Bildungsinhalte und die zwischen ihnen herrschenden Relationen zu identifizieren, dienen in diesem Modell

die Ermittlung und Anwendung von *Kriterien* (a),

die Konstruktion geeigneter methodischer *Verfahrensweisen* (b) und

die Bestimmung von *Instanzen* (c), auf die sich diese Verfahren beziehen.

a) Kriterien: Es können drei z. T. überlappende Sätze von Kriterien für die Auswahl von Bildungsinhalten angenommen werden:
1) die Bedeutung eines Gegenstandes im Gefüge der Wissenschaft, damit auch als Voraussetzung für weiteres Studium und weitere Ausbildung;
2) die Leistung eines Gegenstandes für Weltverstehen, d. h. für die Orientierung innerhalb einer Kultur und für die Interpretation ihrer Phänomene;
3) die Funktion eines Gegenstandes in spezifischen Verwendungssituationen des privaten und öffentlichen Lebens.

Diese Kriterien sind weiter zu spezifizieren und zu verifizieren. Grundsätzlich sind sie aus den sogenannten allgemeinbildenden und den berufsspezifischen Funktionen des Bildungsprogramms abzuleiten, bezogen auf Bedingungen personaler und gesellschaftlicher Existenz, über die selbst Konsens vorgegeben sein muß. Die Annahme, daß darüber ein Konsens innerhalb der bestehenden Gesellschaft nicht zu erreichen ist, scheint mir nicht gerechtfertigt. In der Praxis beruht die Institution eines nationalen Erziehungswesens auf der Voraussetzung einer solchen gemeinsamen Basis. Eben daß diese Voraussetzungen in den geltenden Formen bildungspolitischer Entscheidungen keine Entsprechung haben, begründet die Notwendigkeit, den Konsens durch eine Prozedur wie die hier erwogene zu aktualisieren.

b) Verfahrensweisen: Mit welchen Verfahren könnten Relevanz und Adäquanz von Bildungsgegenständen an den genannten Kriterien optimal gemessen werden?

1) Die Frage nach der Relevanz eines Gegenstandes innerhalb eines bestimmten Wissensbereiches stellt sich als eine wissenschaftslogische, als eine didaktische und u. U. als eine hermeneutische Aufgabe. Sie ist aus der Erfahrung der Wissenschaft selbst heraus zu beantworten.

2) Grundsätzlich öffnet sich die Analyse der Relationen von Gegenständen zu Qualifikationen allgemeinen Weltverstehens und -verhaltens der empirischen Überprüfung. Eine solche kann auf verschiedene Weisen erfolgen: Sie kann die Annahmen qualifizierender Einwirkungen bestimmter Inhalte (Transfer) mit »bewährten« psychologischen Theorien oder erhärteten Einzelbefunden konfrontieren; sie kann einzelne Hypothesen über die Relation zwischen spezifischen Gegenständen und Qualifikationen zu testen versuchen; sie könnte alternative Curricula, aus »informierter Willkür« heraus entwickelt, systematischen Experimenten unterwerfen.

3) Schließlich können Analysen von spezifischen gesellschaftlichen, also auch beruflichen Verwendungssituationen und Bedürfnissen zum Nachweis erforderlicher Funktionen führen, die dann wiederum mit den durch bestimmte Gegenstände zu erwerbenden Qualifikationen zu verbinden sind. Als Beispiele derartiger Analysen seien genannt: Arbeitsplatzanalysen, Arbeitsmarktanalysen. Funktionen in Freizeit, Staat usf. können durch Analysen etwa von politischen Texten auf Gegenstand und Niveau ihres Anspruchs festgelegt werden u. ä.

Nur eine naive Überschätzung der durch exakte empirische Untersuchungen bereits gewonnenen oder zu erwartenden Erkenntnisse jedoch könnte verkennen, daß der größte Teil der genannten Aufgaben in Wirklichkeit in dieser Weise nicht zu lösen ist. Als eine durchaus entwicklungsfähige Methode ist an eine Reihe von Expertenbefragungen und Expertengesprächen zu denken, durch die eine Rationalisierung und Objektivierung des Curriculum zu erreichen wäre. Solche Experten-befragungen gehen davon aus, daß bestimmten Gruppen, die im folgen-den näher beschrieben werden, eine Kompetenz zur Beantwortung der erwähnten Fragestellungen eignet. Wenn in diesem Zusammen-hang von »Instanzen« gesprochen wird, so soll dieses Wort die Probleme der Bestimmung dieser Kompetenz, ihrer Reichweite und Eingrenzung, ihrer Wichtung und ihres Verhältnisses zur politischen Entscheidungskompetenz nicht verschleiern.

c) Instanzen: Zunächst jedoch, wer sind diese Instanzen? Zum ersten Fachwissenschaftler, aus ihrer sachlichen Kompetenz heraus, die sich nicht nur auf die Einsicht in fachimmanente Zusammenhänge bezieht, sondern ebenso auf die Leistung ihres Faches im Sinne der oben ge-nannten Kriterien; dann Repräsentanten der wichtigsten Verwen-dungsbereiche für das Gelernte; schließlich Vertreter der anthropologi-schen Wissenschaften, zu denen auch die Erziehungswissenschaft zählt – ihre Kompetenz wird über die Bereiche der Sozialerziehung hin-aus auch im Sinne der Limitierung der Aussagen anderer Gruppen (z. B. was Transfervoraussetzungen angeht) beansprucht.

Die Befragungen können nur unter der Voraussetzung erfolgen, daß die Befragten den vorgegebenen Kriterien zu folgen vermögen. Die Integration der ermittelten Aussagen kann sodann natürlich nicht durch ein additives Verfahren erfolgen, sondern geschieht durch eine Auswertung, die datenanalytische und ideologiekritische Methoden kombiniert. Wie immer sie aber im einzelnen erfolgen möge, in jedem Falle ist die Mitwirkung verschiedener gesellschaftlicher Instanzen und die Integration ihrer Ansprüche das entscheidende Merkmal der Ge-winnung eines Konsens über Curriculumentscheidungen. Eben diese Zusammenarbeit haben die geschilderten ausländischen Erfahrungen demonstriert. Die Antworten der Experten werden sachlich um so ver-läßlicher und im allgemeinen auch um so ideologiefreier sein, je präzi-ser der Katalog der Gegenstände und der Qualifikationen ist, den man ihnen in der Befragung vorgibt. Dieser vorgegebene Katalog eben bildet die Herausforderung zur Rationalisierung und Präzisierung des Expertenurteils, durch die das Vorkommen rational unbegründeter und unverbindlicher allgemeiner Aussagen eingeschränkt werden soll.

Probleme der Ermittlung: Eine Reihe von Ermittlungen, sagten wir, soll Inhalte identifizieren und katalogisieren, sich ihrer fachwissen-

schaftlichen Relevanz versichern, ihre Relation zu erwünschten Qualifikationen überprüfen und die Verwendung solcher Qualifikationen in
bestimmten Situationen des persönlichen und öffentlichen Lebens nachweisen. Einige spezifische Probleme, vor die uns diese Aufgaben stellen werden, seien noch kurz erörtert.

1) Fachwissenschaftler sollen mit einem Katalog der möglichen Unterrichtsgegenstände – über Quelle und Art seiner Gewinnung wird
noch etwas zu sagen sein – konfrontiert werden und zunächst über
die fachimmanente Bedeutung und das Gewicht dieser Gegenstände
aussagen. Dabei kann es sich nicht nur um ihre Stelle im logischen
Gefüge der betreffenden Wissenschaften handeln, es geht vielmehr,
darüber hinaus, um das, was man als die Struktur einer Disziplin
bezeichnet hat, also um die Wichtung ihrer Begriffe, ihrer Modelle
und ihrer theoretischen Prinzipien. Es wird nicht leicht sein, die
Reflexion des Fachwissenschaftlers von der schieren Reproduktion
seines Faches, wie er es als wissenschaftlicher Spezialist zu behandeln gewohnt ist, auf dessen Funktion in der Erreichung von Bil-
dungswirkungen und in der Bestimmung von Bildungshorizonten
zu lenken. Die Gefahr eines fachspezifisch verzerrten Weltbildes
wird nicht übersehen. Aber auch der Wissenschaftler kann auf eine
Verantwortung für die Rolle seiner Wissenschaft in Bildung und
Erziehung hingewiesen werden, der er sich ebenso wenig entziehen
sollte wie der für ihre sonstigen sozialen Auswirkungen. Ähnliches
gilt für die Hinlenkung von rein gegenwartsbezogenen auf zu-
kunftsrelevante Perspektiven.

2) Man sieht: Nur formal läßt sich die Aussage des Fachwissenschaftlers über die fachimmanente Relevanz der ihm einsichtigen Inhalte
von der Beurteilung ihres Bildungswertes im Sinne von Weltorien-
tierung trennen. Auch in der Ermittlung der Relation von Inhalten
und allgemeinen Qualifikationen also fällt die Bewertung der Fachwissenschaftler ins Gewicht. Über ihren Kreis hinaus aber sind die
anthropologischen Wissenschaften, die besonderen Kompetenzen
der Verhaltenswissenschaftler, der Psychologen und Pädagogen
heranzuziehen, für deren Aussage – kaum muß dies gesagt werden – die gleichen Probleme und die gleichen Notwendigkeiten
kritischer Analyse gelten wie für das Urteil jener.

An dieser Stelle mag ein Wort zum »Transfer«-Problem seinen
Ort finden. Transferbehauptungen und Transferkomponenten sind

in der Tat in jeder didaktischen Zielsetzung enthalten. Dies gilt auch von dem Kategorialen oder den »structures of knowledge« und im weitesten Sinne von jeder behaupteten geistig-disziplinierenden und qualifizierenden Leistung einer »Disziplin« und einer jeden bildenden Erfahrung. Es wird also darauf ankommen, einmal die Bedingungen von Transfermöglichkeiten, soweit wir sie kennen, zu berücksichtigen und durch sie Zielsetzungen und -vorstellungen zu limitieren.[3] Es ist aber sodann zu bedenken, daß die Transfer-Frage von *Thorndike* bis heute in einigen ihrer wichtigsten Aspekte einer Lösung nicht näher gekommen ist.[4] Die Kritik an einer Didaktik, die den formaldisziplinierenden Wert gewisser Gegenstände behauptete, hat durch eine Reihe exakter Untersuchungen naive Transfer-Vorstellungen in Frage gestellt. Doch haben gerade diese Arbeiten zu Versuchen geführt, diejenigen Elemente positiver Kenntnis und intellektueller Operationen in präziserer Weise zu identifizieren, die sich in der Interpretation der geistigen und physischen Umwelt, auch im affektiven und kreativen Kontakt mit ihr, ständig wiederholen. Die Möglichkeit von Lernen überhaupt beruht auf der Tatsache solcher Wiederholung.[5]

3) Auch bei der Feststellung der in spezifischen Situationen erforderlichen Funktionen und ihrer Zuordnung zu den entsprechend qualifizierenden Bildungsgegenständen und Methoden ist eine ganze Reihe von Kontrollen einzuplanen. So müßte der Befragung von »Abnehmern« – etwa von verantwortlichen Vertretern bestimmter Berufsgruppen – als Experten für die Anforderungen an Schulabsolventen, das Zeugnis von Berufsanfängern selbst als Kontrolle zur Seite gestellt werden. Ähnliches ließe sich für Situationen weiterer Ausbildung oder auch staatlichen und gesellschaftlichen Lebens sagen. Ferner wird darauf zu achten sein, daß normativ bestimmte Sollforderungen nicht die Form von Mitteilungen über Erfahrung und Beobachtung annehmen und daß die Dimension zukünftiger Entwicklungen im beruflichen und sozialen Leben als wesentlich berücksichtigt wird. Vagen Vorstellungen wird man auch hier durch die Form der Befragung und ihrer Auswertung zu begegnen suchen müssen.

Zu den Mitteln und Formen, mit denen diese Herausforderung von Kompetenzen geschehen und ihre Ergebnisse ausgewertet werden können, noch folgende Bemerkungen: Zunächst wird es darauf ankommen, die jeweils angesprochene Kompetenz durch die Konfrontation mit einem sachentsprechenden Kriterienrahmen und durch den Zufluß relevanter Informationen auf die Ziele der Befragung zu lenken. Es handelt sich, mit anderen Worten, um den schon erwähnten Katalog von möglichen Gegenständen. Aus welchem Grunde und in welchen Grenzen man bei der Aufstellung des Ausgangskatalogs von dem bestehenden Kanon der Wissenschaften ausgehen darf, wurde schon erörtert. Es liegt darüber hinaus durchaus im Sinne der beabsichtigten Aktualisierung und Rationalisierung der didaktischen Willensbildung, den vorgelegten und vorsortierten Katalog zunächst aus der gegenwärtigen Praxis sowie aus der fachdidaktischen Diskussion heraus zu entwickeln, um so eine breite Skala möglicher und wünschbarer Gegenstände und spezifischer Zielsetzungen zu gewinnen. Anschließend wäre eine Reihe vorbereitender »Expertengespräche« zu führen, in denen ein so gewonnener Katalog möglicher Gegenstände und ihrer Zielsetzungen zu revidieren und zu ergänzen wäre. Hierbei ist von der notwendigen Beschränkung eines Gesamtcurriculum auszugehen, ohne daß den Befragten eine rigide Begrenzung auferlegt werden darf.

Nun soll die Auswahl eines Gegenstandes ja durch spezifische Ziele im Rahmen der anfangs erwähnten Kriterien begründet werden. Hier stellt sich das Problem der Operationalisierung, das nicht unerwähnt bleiben soll. Die Ziele, die mit einem Gegenstand im Bildungsgefüge intendiert sind, werden zumeist als zu erwerbende Qualifikationen formuliert. Im Zusammenhang mit der Überprüfung von Leistungs- und Unterrichtserfolg ist man bemüht, derartige Qualifikationen so zu operationalisieren, daß ihre Aneignung empirisch feststellbar und überprüfbar wird. Der Versuch, in dieser Absicht zu einer »Taxonomie« der Bildungsziele zu gelangen, ist freilich ebenso interessant wie bisher unbefriedigend.[6] Ebensowenig kann es jedoch genügen, wenn man sich bei der Formulierung der Ziele in allgemeinen, unverpflichtenden und unüberprüfbaren Proklamationen ergeht, wie dies nur allzu häufig in den gebräuchlichen Richtlinien der Fall ist.[7] Einen Begriffsrahmen zu entwerfen und zu entwickeln, in dem die mit den auszuwählenden Gegenständen verbundenen Intentionen auch jenseits behavioristischer Operationalisierung oder Schein-Operationalisierung, aber diesseits vager Normvorstellungen definiert und überprüft werden können – dies ist die ebenso schwierige wie wichtige Aufgabe, die sich der Curriculumforschung stellt.

Auch wenn die Aufgabe einer maximalen *Aktivierung* von Kompetenzen durch die genannten und durch weitere Ermittlungsinstrumente gelöst wäre, bliebe eine weitere, ebenso entscheidende: die ihrer *Objektivierung.* Gewiß sollte schon der präzise Fragenkatalog im Sinne einer Versachlichung der Aussagen wirken. Doch müssen die Antworten in jedem Falle einer kritischen Analyse und schließlich auch dem Versuch einer Wichtung unterworfen werden. Diese Analyse soll durch die den Befragten aufgegebene Begründung ihrer Wahl nach alternativ angebotenen Kriterien erleichtert werden. Der Umfang des dadurch von vornherein Objektivierbaren sollte nicht gering eingeschätzt werden. Durch die präzisierte und begründete Aussage läßt sich eine Diskussion, bestenfalls ein »fairer« Kompromiß zwischen den Spezialkriterien, zumindest aber die politische Entscheidung in voller Kenntnis der Alternativen erreichen. Kurz: Auch in diesem Zusammenhang stellen die vorgeschlagenen Instrumente eine Herausforderung dar zur Rationalisierung und zur Artikulation.

Freilich, wie immer Felder abgegrenzt, Kriterien gesetzt, Experten ausgewählt werden, die Gefahr einer Manipulierung derartiger Ermittlungen – bei jedem ihrer methodischen Schritte, in der Kritik und in der Interpretation – ist nicht zu übersehen. Doch kann die Bildungswissenschaft dieser Gefahr nicht dadurch begegnen, daß sie sich der Mitverantwortung für die Rationalität bildungspolitischer Entscheidungen entzieht.

Es handelt sich nun einmal bei der Bestimmung von Curricula um Entscheidungen von molaren Problemen, in die sowohl Wertgesichtspunkte, also Normen, wie Wissen und Meinung über die Bedingungen realer Verhaltensweisen eingehen. Sowohl die dem Curriculum zugrunde liegenden Wertpostulate und die von ihnen inferierten Normen als auch die Voraussetzungen über Verhaltenszusammenhänge müssen offengelegt und dem Konsens zugänglich gemacht werden. Kann es bei der Rationalisierung von Curriculumentscheidungen durch Bildungsforschung nicht darum gehen, Curriculumnormen deduktiv zu begründen, so kann man doch die durch die Analyse der didaktischen Diskussion, durch die Vorgabe der Gegenstandskataloge und der möglichen alternativen Zielsetzungen sowie durch Informationen über deren empirisch bereits festgestellte Relationen herausgeforderten Entscheidungen weitgehend objektivieren.

Darüber hinaus kann Curriculumforschung – im weitesten Sinne –

zusätzliche empirische Überprüfungen der vermuteten oder behaupteten Bildungseffekte anstellen. Die befragten Experten erfüllen somit eine doppelte Funktion. Durch ihre Sachkompetenz gewinnt die Curriculumentscheidung eine relativ rationale Grundlage; es werden aber gleichzeitig die diesen Entscheidungen zugrunde liegenden Voraussetzungen so artikuliert, daß sie weiteren Überprüfungen leichter zugänglich werden. Damit erweist sich die hier vorgeschlagene Methode als ein Prozeß fortlaufender Rationalisierung und optimaler Objektivierung. Die *bildungspolitische* Entscheidung wird durch Curriculumforschung nicht ersetzt, wohl aber vorbereitet und aufgeklärt.

Vor zehn Jahren sagte der damalige Vice-Chancellor der Universität Bristol: »Curriculumentwicklung *muß* kommen..., sobald wir einen Propheten oder eine Gruppe von Menschen haben, die gewillt sind, uns zu zeigen, wie sie unternommen werden soll.«[8] Curriculumpropheten haben wir nicht. Auch hat uns bisher niemand gezeigt, wie eine solche Entwicklung unternommen werden muß. Also ist es an uns, nach ihren Methoden zu suchen.

Anmerkungen und Literaturhinweise

Den Anmerkungen eines jeden Hauptabschnittes ist eine Auswahl von weiteren Arbeiten jüngeren Datums – etwa seit 1960 – angefügt, denen diese Studie Informationen oder Anregungen verdankt.

Vorbemerkung und Hauptabschnitt A

1. Anmerkungen

1 Vgl. *Josef Dolch*, Lehrplan des Abendlandes. Henn, Ratingen (1965), S. 319 und Anm.

2 *Dolch*, a. a. O., S. 308 f. und 318 f.

3 Bei einer Tagung des International Institute for Educational Planning (IIEP-Konferenz, Paris) über »Qualitative Aspects of Educational Planning« im Mai 1966. *Aron* fügte hinzu, daß gerade die wohlhabenden Länder von einer derart eingeengten Basis ihrer Bildungsplanung nicht ausgehen sollten.

4 *Robinson Hollister*, A Technical Evaluation of the First Stage of the Mediterranean Regional Project. OECD, Paris 1966, p. 66. Vgl. auch *Ralf Dahrendorf*, Bildung ist Bürgerrecht. »Die Zeit«-Bücher, Nannen, Hamburg (1965), S. 16–20.

5 Bei der erwähnten IIEP-Tagung im Mai 1966.

6 Vgl. *Dahrendorf*, a. a. O.

7 Vgl. auch hierzu *R. Hollister*, a. a. O., p. 26.

8 *Hans Peter Widmaier*, Bildung und Wirtschaftswachstum. Eine Modellstudie zur Bildungsplanung (Bildung in neuer Sicht. Schriftenreihe des Kultusministeriums Baden-Württemberg, Reihe A, Nr. 3), Neckar-Verl., Villingen (1966).

9 *Hajo Riese*, Die Entwicklung des Bedarfs an Hochschulabsolventen in der Bundesrepublik Deutschland. Franz Steiner, Wiesbaden (1967). Vgl. auch die Besprechung von *Friedrich Edding*, »Braucht die Wirtschaft wachsende Studentenzahlen?«. In: Handelsblatt, Nr. 40 (24./25. Febr. 1967), S. 13.

10 *Bombach* bei *H. Riese*, a. a. O., S. 9.

11 Modernizing our Schools. A Report on Curriculum Improvement
    and Educational Development. OECD, STP (66) 15 (Paris, 16. 9.
    1966, vervielfältigt).

12 *Dahrendorf*, a. a. O., S. 22.

13 *Dahrendorf*, a. a. O., S. 26.

14 Vgl. *Wolfgang Edelstein*, »Chancengleichheit ohne Schulreform?«.
    In: Neue Sammlung, 6/6 (Nov./Dez. 1966), S. 627–637, wo die
    einschlägigen Ergebnisse soziologischer Arbeiten unter Betonung
    der didaktisch-methodischen Postulate referiert werden; s. auch
    Willi Schneider, »Die soziale Bedingtheit der Ausbildungschan-
    cen«. (Vgl. Anm. 16.)

15 Eindrucksvoll wird die Insuffizienz rein struktureller Maßnah-
    men, die nicht von inhaltlichen und pädagogischen Reformen be-
    gleitet sind, durch den Wandel der Aufbauschule illustriert, welche
    die mit ihrer Begründung intendierte soziale Funktion schritt-
    weise, aber konsequent zugunsten einer Anpassung an die nor-
    male Höhere Schule einbüßt; s. *H.-F. Wolf, P.-M. Roeder*, »Die
    Aufbauschule, Strukturwandel einer Schulform«. In: Die Deutsche
    Schule, 56/1 (Januar 1964), S. 41–56.

16 *Willi Schneider*, »Die soziale Bedingtheit der Ausbildungschan-
    cen«. In: *Franz Hess, Fritz Latscha* und *W. Schneider*, Die Un-
    gleichheit der Bildungschancen. Walter, Olten und Freiburg
    (1966), S. 75–78, und die dort zitierte Arbeit von *Charlotte Lüt-
    kens*, »Die Schule als Mittelklasseninstitution«. In: Kölner Zeit-
    schrift für Soziologie, Sonderheft 4, 1959.

17 *Hellmut Becker*, »Weltweite Erwachsenenbildung«. Ansprache des
    Präsidenten des deutschen Volkshochschulverbandes am 28. 10.
    1966 in Frankfurt am Main. In: Neue Sammlung, 7/2 (März/
    April 1967), S. 91–101.

18 Deutscher Ausschuß für das Erziehungs- und Bildungswesen,
    Empfehlungen und Gutachten, Folge 7/8. Klett, Stuttgart (1964).

19 Ähnliche Überlegungen stellt *Hans Bokelmann* für das Wirt-
    schaftsgymnasium an; s. seine Schrift Maßstäbe pädagogischen
    Handelns. Normenkonflikte und Reformversuche in Erziehung
    und Bildung. Werkbund-Verlag, Würzburg 1965.

20 s. Anm. 11, p. 5.

21 Nach Abschluß des vorliegenden Manuskripts ist mir der bemer-
    kenswerte Aufsatz von *Herwig Blankertz* »Pädagogische Theorie

und empirische Forschung« zu Gesicht gekommen, in dem eine den hier angedeuteten Voraussetzungen ähnliche Haltung begründet wird. In: Zur Bedeutung der Empirie für die Pädagogik als Wissenschaft. = Untersuchungen zu pädagogischen Zeitfragen. Neue Folge der Ergänzungshefte zur Vierteljahresschrift für wissenschaftliche Pädagogik, H. 5, 1966, S. 65–78.

II. Literaturhinweise

Ability and Educational Opportunity. Ed. and rapporteur A. H. *Halsey*. Report on the Conference organized by the Office for Scientific and Technical Personnel in coll. with the Swedish Ministry of Education in Kungälv, Sweden. 11th–16th June 1961. OECD, Paris 1961.

Becker, Hellmut, Quantität und Qualität. Grundfragen der Bildungspolitik. Rombach, Freiburg i. Br. (1962).

Bildungsplanung und Bildungsökonomie. Schwartz, Göttingen 1964. = Schriften des Hochschulverbandes, H. 16.

Blankertz, Herwig, »Bildungstheorie, Wirtschaftsgymnasium und der Fortschritt«. In: Wirtschaft und Erziehung, 18/2 (Febr. 1966), S. 49–58.

Bombach, Gottfried, »Long-Term Requirements for Qualified Manpower in Relation to Economic Growth«. In: Economic aspects for higher education, Study Group in the Economics of Education. OECD, Paris 1964, p. 201–222.

Bungardt, Karl, »Gleichheit der Bildungschancen«. In: Die Deutsche Schule, 59/3 (März 1967), S. 125–136.

The Changing American School. Ed. by *John I. Goodlad*. National Society for the Study of Education, Chicago 1966. (Yearbook of the Nat. Soc. for the Study of Education. 65, 2.) Darin: Section 1, Ch. IV: Edgar Dale, »Instructional Resources«; Ch. V: Glen Heathers, »School Organization«.

Differentiation and Guidance in the Comprehensive School. Report on the Sigtuna Course, organized by the Swedish government under the auspices of the Council of Europe, August 1958. Ed.: Torsten Husén with the assistance of Sten Henrysson. Almqvist & Wiksell, Stockholm (1959).

The Economics of Education. Ed.: *John E. Vaizey.* Faber & Faber, London 1962.

Edding, Friedrich, Ökonomie des Bildungswesens. Lehren und Lernen als Haushalt und als Investition. Rombach, Freiburg i. Br. (1963).

Education and Economic Development. Eds.: *Arnold C. Anderson* and *Mary Jean Bowman.* Aldine Publishing, Chicago 1965.

Grouping in Education. A Report sponsored by the UNESCO Institute for Education, Hamburg. Wiley, New York (1966).

Floud, Jean, »Schulbildung und Gesellschaft. Die Schule als eine selektive Institution«. In: Kölner Zeitschrift für Soziologie und Sozialpsychologie, Sonderheft 4, 1959. Soziologie der Schule, S. 40 ff.

Foltz, Charles J., Lehrmaschinen, Geräte, Programme, Anwendungsbereiche. Beltz, Weinheim (1965).

Habermas, Jürgen, »Pädagogischer ›Optimismus‹ vor Gericht einer pessimistischen Anthropologie. Schelskys Bedenken zur Schulreform«. In: Neue Sammlung, 1/4 (Juni/Juli 1961), S. 251–278.

Heinrichs, Heribert, Unterrichtsfernsehen – Illusion und Wirklichkeit. Kamp, Bochum 1966.

Husén, Torsten, »The Relations between Selectivity and Social Class in Secondary Education«. In: Educational Sciences, 1/1 (Febr. 1966), p. 17–27.

Inlow, Gail N., The Emergent in Curriculum. Wiley, New York (1966).

Krockow, Christian von, »Bildungssystem, Chancengleichheit und Demokratie«. In: Gesellschaft, Staat, Erziehung, 11/3 (1966), S. 171–181.

Manpower and Education. Country Studies in Economic Development. Eds.: *Frederick Harbison* and *Charles A. Myers.* McGraw-Hill, New York 1965.

Parnes, Herbert S., Forecasting Educational Needs for Economic and Social Development. The Mediterranean Regional Project. OECD, Paris 1962.

Peisert, Hansgert, »Empirische Untersuchungen über ungleiche Ausbildungsbeteiligung bestimmter Bevölkerungsgruppen und deren Ursachen«. Pressestelle der Evang. Akademie Loccum. In: Loccumer Protokolle, 16 (1965), S. 99–103.

Planning Education for Economic and Social Development. Ed.: *Herbert S. Parnes.* OECD, Paris 1963.

Policy Conference on Economic Growth and Investment in Education. Washington, 16–20 October, 1961. OECD, Paris 1962.

Vol. 1: Summary Reports and Conclusion – Key Note Speeches.

Vol. 11: Targets for Education in Europe in 1970.

Vol. 111: The Challenge of Aid to Newly Developing Countries.

Vol. 1v: The Planning of Education in Relation to Economic Growth.

Vol. v: International Flows of Students.

Polos, Nicholas C., The Dynamics of Team Teaching. W. M. C. Brown, Dubuque, Iowa (1965).

Praxis und Perspektiven des programmierten Unterrichts. Referate des 5. Symposions über Lehrmaschinen. Bd. 2 mit Beitr. von *Kurd Alsleben* u. a. Schnelle, Quickborn 1967.

Der programmierte Unterricht. Schroedel, Hannover, Berlin usw. 1963. = Auswahl. Grundlegende Aufsätze aus der Zeitschrift »Die Deutsche Schule«, Reihe A, Heft 5.

Schelsky, Helmut, Anpassung oder Widerstand? Soziologische Bedenken zur Schulreform. 3. Aufl. Quelle & Meyer, Heidelberg 1963.

Teaching Machines and Programmed Learning. National Education Association of the US., Washington 1964 ff. Bd. 1: A source book. Ed. by *Arthur A. Lumsdaine* and *Robert Glaser.* 6th print. 1964. Bd. 2: Data and directions. Ed. by *Robert Glaser.* 1965.

Trump, J. Lloyd, and *Dorsey Baynham,* Focus on Change, Guide to Better Schools. Appointed by the National Ass. of Secondary School-Principals. (4th print.) Rand McNally, Chicago (1963).

Das Vorurteil als Bildungsbarriere. 11 Beiträge. Hrsg.: *Willy Strzelewicz,* Vandenhoeck & Ruprecht, Göttingen (1965). Darin: *Raapke, Hans-Dietrich,* »Vorurteilsbegünstigende Faktoren in Pädagogik und Schulpolitik«, S. 97–129.

Widmaier, Hans Peter und *Klaus Bahr,* Bildungsplanung. Ansätze zu einer rationalen Bildungspolitik. Klett, Stuttgart (1966).

Wirtschaftswachstum und Bildungsaufwand. Bericht über die OECD-Konferenz. Dt. Bearb. v. *Ernst Gehmacher.* Europa-Verl., Wien, Frankfurt, Zürich (1966).

Hauptabschnitt B

1. Anmerkungen

1   Vor allem in *Alfred N. Whitehead,* The Aims of Education. Benn, London (1962), passim.

2   *Raymond Aron* in dem erwähnten Beitrag zur IIEP-Konferenz im Mai 1966. In der englischen Terminologie ist diese Unterscheidung bekanntlich vermieden. Vgl. *Leonhard Froese,* »Erziehung und Bildung«. In: Erziehungswissenschaft und Erziehungswirklichkeit, hrsg. von *Hermann Röhrs.* Akademische Verlagsgesellschaft, Frankfurt am Main 1964.

3   *Georg Picht,* Die Verantwortung des Geistes. Walter, Olten und Freiburg (1965), insbesondere das Kapitel »Der Bildungshorizont des 20. Jahrhunderts«, S. 173–190.

4   Vgl. *Picht,* a. a. O., S. 150.

5   Einen neuen Lösungsansatz hat *G. Picht* jüngst in: Prognose – Utopie – Planung. Klett, Stuttgart 1967, gemacht.

6   Vgl. *Richard F. Behrendt,* Dynamische Gesellschaft. Über die Gestaltbarkeit der Zukunft. Scherz, Bern und Stuttgart (1963), VIII, passim.

7   Vgl. *Herbert Marcuse,* Kultur und Gesellschaft Bd. 2, Suhrkamp, Frankfurt am Main (1965), im Kapitel »Bemerkungen zu einer Neubestimmung der Kultur«, S. 147 f. Englisches Original in »Daedalus«, Winter 1965. In diesem Sinn darf immer wieder Immanuel Kant zitiert werden: »Kinder sollen nicht dem gegenwärtigen, sondern dem zukünftig möglich bessern Zustand des menschlichen Geschlechts ... erzogen werden« – ein Wort, das nach mehr als einer Richtung hin deutbar ist.

8   *Martin Buber* sprach schon 1912 in der Sprache seiner früheren Reden davon, daß »Gestalten Umgestalten« sei und es »seinen Krieg nicht allein gegen das Gestaltlose, sondern auch gegen ... das Reich der verwesenden Gestalt« führe (in einer Diskussionsrede, 1912).

9   General Education in a Free Society. Harvard U. P., Cambridge, Mass. 1950.

10 Educational Policies Commission of the NEA. Education and the Spirit of Science (Washington, D. C. 1966).

11 a. a. O., p. 4.

12 *Kenneth E. Boulding,* The Meaning of the 20th Century. Harper & Row, New York (1965).

13 Die Beobachtungen *Basil Bernsteins,* in deutscher Sprache zugänglich in »Sozio-kulturelle Determinanten des Lernens«. In: Soziologie der Schule, hrsg. von *Peter Heintz.* Sonderheft 4 der Kölner Zeitschrift für Soziologie, 1959, haben auch in dieser Hinsicht ihre Relevanz. Vgl. auch *Harry S. Broudy, B. Othanel Smith, Joe R. Burnett,* Democracy and Excellence in American Secondary Education. A Study in Curriculum Theory. Rand McNally, Chicago (1964), II: »Curriculum Demands of a Modern Mass Society.«

14 Vgl. *Georges Friedmann,* »L'école parallèle«. In: Le Monde, No. 6527, 6528, 6530, 6531 (7., 8., 11., 12. Januar 1966).

15 Professor *Dennis Gabor* vom Imperial College of Science and Technology hat die mangelnde Bereitschaft, den Problemen der Freizeit ins Auge zu schauen, so beschrieben: »... our civilization behaves as if the Age of Leisure were staring it in the face and as if it did not like the look of it« (Inventing the Future. Secker & Warburg, London 1963). Vgl. auch *Joffre Dumazedier* in: Vers une civilisation du loisir? Du Seuil, Paris (1962).

16 *Gordon W. Allport,* »Values and Our Youth«. In: Teachers College Record, 63/3 (Dec. 1961).

17 Vgl. *David McClelland,* The Achieving Society. D. van Nostrand, Princeton 1961. ch. 9.

18 *Geoffrey H. Bantock,* Education in an Industrial Society. Faber & Faber, London (1963); s. dagegen *Paul Heimann,* »Zur Bildungssituation der Volksschuloberstufe in der Kultur und Gesellschaft der Gegenwart«. In: Die Deutsche Schule, 49/2 (Febr. 1957), S. 49–65.

19 *Bantock,* a. a. O., p. 119.

20 *Bantock,* a. a. O., p. 117.

21 *Charles P. Snow,* The Two Cultures: and a Second Look. Cambridge U. P. 1964.

22 Vgl. *Hermann Giesecke,* Didaktik der politischen Bildung. Juventa, München 1965.

23 »Abschied von der Antike?« In: Wort und Wahrheit, 19/1 u. 2 (Jan. und Febr. 1964).

24 *Frederik L. Polak* hat die Vermutung ausgesprochen, daß die gesellschaftsbildende Macht einer Ideologie weitgehend von dem optimistischen Charakter ihres Zukunftsbildes abhängt (*F. L. Polak,* The Image of the Future. Oceana Press, New York 1961).

25 In *Humboldts* Haltung ist freilich ein sozialkritisches Element nicht zu verkennen, das sich gegen eine überständige – die ständische –, nicht gegen eine sich durchsetzende Ordnung richtet; s. *Herwig Blankertz,* »Bildungstheorie und Ökonomie«. In: Texte zur Schulreform/Pädagogische Provokationen 1, hrsg. von *Karlheinz Rebel.* Beltz, Weinheim 1966.

26 *Wilhelm von Humboldt,* Über das Studium des Altertums, und des Griechischen insbesonders. Gesammelte Schriften. Preußische Akademie der Wissenschaften, Berlin 1903, Bd. 1, S. 275.

27 Vgl. *Clemens Menze,* »Überlegungen zur Kritik am humanistischen Bildungsverständnis in unserer Zeit«. In: Pädagogische Rundschau, 20/5 (Mai 1966), S. 417–435.

28 *Max Horkheimer,* Begriff der Bildung (Immatrikulationsrede, Wintersemester 1952/53). In: Frankfurter Universitätsreden. Klostermann, Frankfurt, Heft 8 (1953), S. 19/20.

29 Hierfür hat *von Hentig* selbst, eben »als eine Möglichkeit von vielen« die »Rolle der Griechen« im Modell ausgeführt. Das Thema ist »als heuristisches Beispiel« dafür gedacht, »wie der Mensch ... zur Welt stehen kann«. In der Tat, heute?

30 *Hartmut von Hentig,* Platonisches Lehren, Bd. 1. Klett, Stuttgart (1966), S. 145.

31 Vgl. *Karl Kerenyi,* Vorwort zu Antigone. Langen-Müller, München – Wien (1966), S. 18 ff., und *Käthe Hamburger,* Von Sophokles zu Sartre. Kohlhammer, Stuttgart usw. (1962), Kap. 10, passim. Leicht läßt sich ähnliches für andere Neukonzeptionen antiker Dramenstoffe nachweisen.

32 Eine ganz andere Frage behandelt *von Hentig* in den kenntnis- und gedankenreichen ersten Kapiteln des genannten Buches, die Frage nach dem »Humanismus als Methode«, u. a. nach der Pädagogik als der möglichen Kunst, »die uns auf das richtige Fragen und Handeln vorbereiten soll«, als Exempel dieses Humanismus.

33 *Hartmut von Hentig,* »Überlegungen zur sprachtheoretischen Arbeit in den Primen«. In: Empfehlungen und Gutachten des Deutschen Ausschusses für das Erziehungs- und Bildungswesen, 9. Folge. Klett, Stuttgart (1965).

34 Vormals übliche Transfer-Behauptungen über die Effekte des Lernens klassischer Sprachen, besonders des Lateins, sind unter dem jahrzehntelangen Druck lernpsychologischer Erkenntnisse und schließlich auch praktischer Erfahrungen fallengelassen worden. Aber auch für subtilere Behauptungen über die bildende Leistung sprachwissenschaftlicher Arbeit in der Schule gibt es noch wenig empirische Evidenz.

35 *Saul B. Robinsohn,* »Völkerverbindender Geschichtsunterricht«. In: Internationale Zeitschrift für Erziehungswissenschaft, 4/4 (1958), S. 440–459.

36 *John Dewey,* Art as Experience. Minton, Balck, New York 1934.

37 *Jerome S. Bruner,* The Process of Education. Harvard U. P., Cambridge, Mass. 1960.

38 In der Diskussion um die »Neue Mathematik« ist von mindestens drei verschiedenen Sätzen von Kriterien her operiert worden: von der Überständigkeit des Schulfaches Mathematik her, verglichen mit der Entwicklung der mathematischen Wissenschaft in den letzten 150 Jahren, von den späteren Anforderungen in Studium und Beruf her und von der »Tragödie«, der »pädagogischen Niederlage« der Mathematik in der Schule. Vgl. *Martin Wagenschein,* »Die Tragik des Mathematikunterrichts«. In: Frankfurter Hefte, 16/1 (Jan. 1961), S. 49–58.

39 Theoretische Arbeiten des Instituts für die Pädagogik der Naturwissenschaften an der Christian-Albrecht-Universität, Kiel (Direktor: Professor *Dr. K. Hecht*), behandeln ausführlich diese Themen.

II. Literaturhinweise

Bantock, Geoffrey, H., Education in an Industrial Society. Faber & Faber, London (1963).

Die Bildungsfrage in der modernen Arbeitswelt. Hrsg. v. *Hermann Röhrs.* Akad. Verl. Ges., Frankfurt a. M. 1963.

64   *Anmerkungen und Literaturhinweise*

Blättner, Fritz, Das Gymnasium. Aufgaben d. höheren Schule in Geschichte und Gegenwart. Quelle & Meyer, Heidelberg 1960,

Deutsches Pädagogisches Zentralinstitut. Literaturzusammenstellung Nr. 6/1965 zum Thema: Bildungskonzeption, allseitige Bildung und neuer Charakter und Inhalt der Allgemeinbildung. Berlin, 6. 5. 1965.

Dohmen, Günther, »Was heißt Bildung?« In: Pädagogische Arbeitsblätter, 18/3 (März 1966), S. 33–47.

Hartmann, Wilfried, Der Mensch in unseren Bildungsplänen. Kösel, München 1965.

Hentig, Hartmut von, »Humanistisches Gymnasium und Studienschule«. In: Die Sammlung, 14/11 (Nov. 1959), S. 558–583.

Kaufmann, Richard, Die Menschenmacher. Die Zukunft des Menschen in der biologisch gesteuerten Welt. S. Fischer, Frankfurt (1964).

Kramp, Wolfgang, »Fachwissenschaft und Menschenbildung«. In: Zeitschrift für Pädagogik, 9/2 (Mai 1963), S. 148–167.

Litt, Theodor, Das Bildungsideal der deutschen Klassik und die moderne Arbeitswelt. Bundeszentrale für Heimatdienst, Bonn (1958), 5. Aufl. = Schriftenreihe der Bundeszentrale für Heimatdienst, Heft 15.

Mitscherlich, Alexander, Auf dem Weg zur vaterlosen Gesellschaft. Ideen zur Sozialpsychologie. Piper, München (1963).

Modern Viewpoints in the Curriculum. Ed. *Paul C. Rosenbloom* and *Paul C. Hillestad.* McGraw-Hill, New York (1964).

Reitinger, Josef, Gymnasialpädagogik. Didaktik zwischen Ordnungs- und Leistungsgesellschaft. Manz, München (1966). = Pädagogik, Didaktik, Methodik. Bd. 8.

Schelsky, Helmut, Der Mensch in der wissenschaftlichen Zivilisation. Westdeutscher Verl., Köln u. Opladen 1961. = Arbeitsgemeinschaft für Forschung des Landes Nordrhein-Westfalen, H. 96.

Schnabel, Franz, Das humanistische Bildungsgut im Wandel von Staat und Gesellschaft. Festrede geh. in d. öffentl. Sitzung d. Bayerischen Akademie d. Wiss. in München am 3. Dez. 1955. (2. Aufl.) Beck in Komm., München (1964).

Schwarz, Richard, Humanismus und Humanität in der modernen Welt. Kohlhammer, Stuttgart usw. (1965).

Wittenberg, Alexander, »Ist echte gymnasiale Bildung ohne Studium der alten Sprachen möglich?« In: Neue Sammlung, Jg. 1 (1961), S. 141–147.

Hauptabschnitt C

1. Anmerkungen

1 *Erich Weniger,* Didaktik als Bildungslehre. Teil 1, Theorie der
   Bildungsinhalte und des Lehrplans. 6./8. Aufl. Beltz, Weinheim
   (1965), S. 62.

2 Hier ist allerdings von einer Didaktik, die sich als Erziehungswissenschaft versteht, die Rede, nicht von der früheren Pädagogik, etwa zwischen Reformation und Neuhumanismus, die ein un-
   mittelbares Verhältnis zu den Aufgaben von Revision und Reform des »Kanons« hatte.

3 *Erich Weniger,* »Zur Geistesgeschichte und Soziologie der pädagogischen Fragestellung«, jetzt wieder in: Erziehungswissenschaft
   und Erziehungswirklichkeit (vgl. Hauptabschn. B, Anm. 2),
   S. 346.

4 *Erich Weniger,* a. a. O., S. 22.

5 *Erich Weniger,* a. a. O., VII.

6 *Erich Weniger,* a. a. O., S. 98.

7 *Erich Weniger,* a. a. O., VII.

8 *Heinrich Roth,* »Die realistische Wendung in der pädagogischen
   Forschung« (1962). Wieder abgedruckt in: Erziehungswissenschaft
   und Erziehungswirklichkeit (vgl. Hauptabschn. B, Anm. 2), S.
   481–490.

9 *Hans Aebli,* »Der Beitrag der Psychologie zur Gestaltung der
   Lehrpläne«. In: Psychologie und Soziologie in ihrer Bedeutung
   für das erziehungswissenschaftliche Studium. Bericht über den
   6. Pädagogischen Hochschultag, Oktober 1965. Zeitschrift für
   Pädagogik, 6. Beiheft (1966), S. 217–226.

10 *Herwig Blankertz,* a. a. O., S. 70. (vgl. Hauptabschn. A, Anm.
    21).

11 *Klaus Schaller,* Die Krisis der humanistischen Pädagogik und der
    kirchliche Unterricht. Quelle & Meyer, Heidelberg 1961.

12 *Peter Roeder* hat in seinen »Bemerkungen zu Wolfgang Klafkis
    Untersuchungen über ›Das pädagogische Problem des Elementaren
    und die Theorie der kategorialen Bildung‹« (in: Die Deutsche
    Schule, 53/12 [Dez. 1961], S. 572 ff.) auf diese Begrenzung hin-

gewiesen (577). Allerdings geht *Roeder* in seiner radikalen historischen Relativierung didaktischer Strukturen weiter, als dies –
innerhalb eines Kulturkreises – berechtigt scheint (574).

13   *Wolfgang Klafki,* Studien zur Bildungstheorie und Didaktik.
     Beltz, Weinheim (1963), II.

14   *L. Froese,* a. a. O., S. 267 (vgl. Hauptabschn. B, Anm. 2). Allerdings hat *Klafkis* Replik auf die *Roedersche* Kritik das Übergewicht erkenntnistheoretischer Mittel in seiner didaktischen Analyse erneut offengelegt. (Zu *Peter Roeders* »Bemerkungen zu
     Wolfgang Klafkis Untersuchungen über ›Das pädagogische Problem des Elementaren und die Theorie der kategorialen Bildung‹«.
     In: Die Deutsche Schule, 53/12 [Dez. 1961], S. 588/9).

15   *Wolfgang Klafki,* »Das Elementare, Fundamentale, Exemplarische«. In: Pädagogisches Lexikon, hrsg. von *H. H. Groothoff* und
     M. Stallmann. Kreuz-Verlag, Stuttgart – Berlin (1965), Sp. 189
     bis 194.

16   *Wolfgang Klafki,* Studien zur Bildungstheorie und Didaktik.
     Beltz, Weinheim (1963), II.

17   Vgl. die stark spekulativ begründete Kritik *Alexander Wittenbergs* an der Neuen Mathematik. In: *A. Wittenberg,* Bildung und
     Mathematik. Klett, Stuttgart 1963, und hierzu die Besprechung
     von *A. Robinson* in: Internationale Zeitschrift für Erziehungswissenschaft, 10/1 (1964).

18   *Wolfgang Klafki* in: Pädagogisches Lexikon, a. a. O., Sp. 192.

19   Vgl. *Josef Derbolav,* »Versuche einer wissenschaftstheoretischen
     Grundlegung der Didaktik«. In: Zeitschrift für Pädagogik, 2. Beiheft: Didaktik in der Lehrerbildung. Weinheim 1960, S. 27.

20   Auf das Problematische dieser Begriffe von Maturität, Mündigkeit, Reife, Studierfähigkeit, die ein Absolutes aufzugliedern
     scheinen, während sie doch in Wirklichkeit durch ihre Operationalisierung gesetzt werden, sei hier nur hingewiesen.

21   *Wilhelm Flitner,* Grundlegende Geistesbildung. Quelle & Meyer,
     Heidelberg 1965, S. 39.

22   *Wilhelm Flitner,* Die gymnasiale Oberstufe. Quelle & Meyer,
     Heidelberg 1961, S. 30–33, und Grundlegende Geistesbildung,
     S. 82, 93 u. 99 f.

23   *W. Flitner,* Grundlegende Geistesbildung, S. 82.

24   *W. Flitner,* Die gymnasiale Oberstufe, S. 23/24.

25 Z. B. W. *Flitner*, Die gymnasiale Oberstufe, S. 26/27.

26 Hiermit wollen wir gewiß nicht *Spencers* Prioritätenliste von »self-preservation« bis hinunter (!) zu »those miscellaneous activities which will fill up the leisure part of life, devoted to the gratification of the tastes and feelings« übernehmen; s. *Herbert Spencer*, Education, Intellectual, Moral, and Physical, Ch. I. Appleton, New York 1914.

27 *Franklin Bobbitt*, The Curriculum. Mifflin, Boston 1918, p. 3.

28 Hierzu hieß es schon im Rockefeller-Bericht, daß für unsere Zeit eine »Demokratie der Fächer«, eine »Aristokratie der Leistungen« zu gelten habe.

29 *Helmut Schelsky* hat die Zwei-Klassen-Theorie der Bildung in »Einsamkeit und Freiheit« an ihren Quellen analysiert. Rowohlt-Ausgabe (1963), S. 112–115.

30 *Willi Strzelewicz, Hans-Dietrich Raapke, Wolfgang Schulenberg*, Bildung und gesellschaftliches Bewußtsein. Göttinger Abhandlungen zur Soziologie Bd. 10. Enke, Stuttgart (1966), S. 577 u. 590.

II. Literaturhinweise

Aebli, Hans, Psychologische Didaktik. Didaktische Auswertung der Psychologie von J. Piaget. Klett. Stuttgart (1963).

Dahllöf, Urban, The Contents of Education with Regard to Demands for Different Jobs and for Further Studies. Review of some Swedish studies concerning the qualitative aspects of education prepared for the OECD 1963. Institute of Educational Research. School of Education, University of Stockholm. 2nd ed. March 1965.

Drechsler, Julius, Bildungstheorie und Prinzipienlehre der Didaktik. Quelle & Meyer, Heidelberg 1967.

Heimann, Paul, »Didaktik als Theorie und Lehre«. In: Die Deutsche Schule, 54/9 (Sept. 1962), S. 407–427.

Die Herausforderung der Schule durch die Wissenschaften. Beiträge zur Lehrplangestaltung. Festgabe für Fritz Blättner zum 75. Geburtstag. Hrsg. von *Theodor Wilhelm*. Beltz, Weinheim (1966).

Hofmann, Franz, »Das Problem der Didaktik, eine kritisch-orientierende Studie über Erscheinungen der Didaktik in Westdeutschland«. In: Vergleichende Pädagogik, 2/1 (1966), S. 33–45.

Klafki, Wolfgang, Das pädagogische Problem des Elementaren und die Theorie der kategorialen Bildung. 2. Aufl. Beltz, Weinheim (1963). = Göttinger Studien zur Pädagogik. N. F. Bd. 6.

Reichwein, Georg, Kritische Umrisse einer geisteswissenschaftlichen Bildungstheorie. Hrsg. von *Gottfried Hausmann.* Klinkhardt, Bad Heilbrunn/Obb. (1963).

Scheuerl, Hans, Die exemplarische Lehre. Sinn und Grenzen des didaktischen Prinzips. Niemeyer, Tübingen 1958. = Forschungen zur Pädagogik und Anthropologie. Bd. 2.

Scheuerl, Hans, Probleme der Hochschulreife. Bericht über die Verhandlungen zwischen Beauftragten der Ständigen Konferenz der Kultusminister und der Westdeutschen Rektorenkonferenz. »Tutzinger Gespräche«, 1/3 (1958/60). Quelle & Meyer, Heidelberg (1962).

Siewerth, Gustav, »Didaktik als Wissenschaft«. In: Vierteljahresschrift für wissenschaftliche Pädagogik, 38/2 (1962), S. 77–102.

Zeitschrift für Pädagogik. Beltz, Weinheim.
Beiheft 2: Didaktik der Lehrerbildung. (1960).
Beiheft 3: Das Problem der Didaktik. (1963).
Beiheft 6: Psychologie und Soziologie in ihrer Bedeutung für das erziehungswissenschaftliche Studium. (1966).

Hauptabschnitt D, Abschnitt I

1. Anmerkungen

1 1968 erschien im Max-Planck-Institut für Bildungsforschung ein analytischer Bericht von *Klaus Huhse* über Wege der Curriculumreform in den USA, Schweden und England, dem auch die hier folgende Schilderung manche Informationen und Hinweise verdankt.

2 Eine ausführliche Schilderung dieser Phasen in: Deciding What to Teach (NEA Project). NEA, Washington D. C. 1964. Eine zusammenfassende und kritische Darstellung der neuesten Tendenzen bei *John I. Goodlad,* »The Curriculum«. In: The Changing American School. 65th Yearbook of NSSE, pt. II, 1966, p. 32–58.

3 Aus dem Bericht über die »Conference on Policies and Strategy for Strengthening the Curriculum of the American Public Schools«. Stanford, California, January 24–27, 1959 by *Ralph W. Tyler*. In: Modern Viewpoints in the Curriculum. Ed. *Paul C. Rosenbloom* and *Paul C. Hillestad*. McGraw-Hill, New York usw. (1964).

4 *Ralph W. Tyler,* »National Planning and Quality Control in Education«. In: Modern Viewpoints in the Curriculum, p. 12 f. Vgl. auch *Tylers* frühere grundlegende Schrift, Basic Principles of Curriculum and Instruction. University of Chicago Press, Chicago 1950.

5 *Harold B. Alberty,* Public Education in the Sixties: Trends and Issues usw. The Boyd H. Bode Memorial Lectures. Ohio State University, Columbus, Ohio (1962).

6 *Jerome S. Bruner* (Harvard) hat in dem Konferenz-Bericht »The Process of Education« (Harvard U. P., Cambridge, Mass. 1960) den Grundsatz der »structures of the disciplines« präsentiert, der zu einer der gängigsten Parolen der gegenwärtigen Curriculumreform-Bewegung geworden ist. Mit dem »Elementaren« und dem »Kategorialen« der deutschen Didaktik verwandt, besagt dieser Begriff, daß das Lernen und damit der Lehrplan eines Gegenstandes von den fundamentalen Prinzipien bestimmt werden soll, die diesem Gegenstand seine Struktur verleihen. Ein Lernen auf dieser Grundlage soll das Verstehen erleichtern und die Bewahrung des Gelernten fördern, Verbindungen zwischen elementaren und komplizierten Vorgängen innerhalb eines Faches, aber auch verschiedener Fächer untereinander knüpfen helfen, Grundlagen für intuitives und kreatives Denken legen.

7 Hierzu der bemerkenswerte Satz des Physikers am Massachusetts Institute of Technology, *Jerrold R. Zacharias*: »It was largely a matter of social conscience, I believe, that motivated us – nämlich die Fachwissenschaftler – to school work.«

8 So etwa in der »Rekonstruktion« des Gesamtcurriculums in Cleveland, Ohio, von dem im vergangenen Jahr berichtet wurde; s. A Restructured Secondary School Curriculum, hrsg. vom Educational Research Council of Gt. Cleveland/Ohio, März 1966.

9 Auch das eine These *Jerome S. Bruners*, deren Erhärtung ein großer Teil seiner experimentellen psychologischen Arbeit gilt. Auch

andere Erziehungswissenschaftler, wie *Harry S. Broudy und B. Othanel Smith*, bemühen sich um eine Synthese in der Curriculumplanung, bei der Lernziele sowohl nach dem Kriterium ihrer »Instrumentalität als direkte Orientierungs- und Interpretationshilfe« als auch nach dem Kriterium ihrer »logischen Bedeutung« in einer Wissenschaft bestimmt werden. Vgl. *Harry S. Broudy, B. Othanel Smith, Joe R. Burnett*, a. a. O., p. 132 ff. (vgl. Hauptabschn. B, Anm. 13).

10   Vgl. *Jerrold R. Zacharias*, Vorwort zu: Innovation and Experiment in Education. A Progress Report of the Panel on Educational Research and Development usw. U. S. Government Printing Office, Washington D. C. (March 1964).

11   Vgl. The First Work of these Times. U. S. O. E., Washington (1966), p. 62.

12   The Schools Council, Change and Response – The First Years' Work, Oct. 1964–Sept. 1965. H. M. S. O., London, p. 1.

13   Diese durch das Schools Council vermittelte Zusammenarbeit von Stiftungen, Wirtschaftsverbänden und Behörden auf dem Felde der Curriculumentwicklung sollte, ebenso wie die erwähnte gemeinsame Initiative des Unternehmerverbandes und des Ministeriums in Schweden, Beachtung finden.

14   z. B. »How can the teaching of humanities and social studies in schools best meet the needs and interests of pupils leaving school at fifteen or sixteen?« News from The Schools Council vom 23. 2. 1967.

15   The Schools Council (vgl. oben Anm. 12), p. 3.

16   Es handelt sich um eine Serie von Untersuchungen zur Bildungsrelevanz der Curricula in Mathematik, den »Kommunikations«-Fächern, den Naturwissenschaften und sozialkundlichen Fächern. Eine zusammenfassende Schilderung ist in der Internationalen Zeitschrift für Erziehungswissenschaft, 11/1 u. 2 (1965), nachzulesen.

17   Vgl. die Serie der OECD-Veröffentlichungen zum Curriculum der Naturwissenschaften im weitesten Sinne, von der »Neuen Mathematik« bis zu den jüngsten Entwicklungen im Biologie-Unterricht.

18   OECD, STP (66) 15, § 219 (vgl. Hauptabschn. A, Anm. 11).

19   Vgl. Sovetskaja Pedagogika, 30/5 (Mai 1966), S. 152–154.

20   Vgl. *Oskar Anweiler*, »Die Entwicklung der sowjetischen Schule

und Pädagogik seit 1959«. In: Mitteilungen der Deutschen Pesta-
lozzi-Gesellschaft, 11/1 (1964), S. 3–8.

21 Vgl. *Oskar Anweiler*, »Eine neue Etappe der sowjetischen Schulpolitik – die Revision der Gedanken Chruschtschows«. In: Bildung und Erziehung, 18/5 (Sept./Okt. 1965), S. 323–338.

22 In einem TASS Interview, abgedruckt in Schule und Nation, 13/3
(März 1967), nach einer Meldung der Presseagentur Nowosti.

23 Arsen'ev in: Ucitel'skaja Gazeta v. 15. 12. 1966.

24 Vgl. Sovetskaja Pedagogika, 29/2 (Febr. 1965), S. 151–152.

25 Die diesbezügliche Verordnung ist am 19. 11. 1966 in der Pravda
veröffentlicht worden.

26 Vgl. Sovetskaja Pedagogika, 30/4 (April 1966), S. 154–157.

II. Literaturhinweise

Alberty, Harold, and *Elsie J. Alberty,* Reorganizing the High-
School Curriculum. 3rd ed. Macmillan, New York 1962.

American Council of Learned Societies and the National Council
for the Social Studies. The Social Studies and the Social Sciences.
Harcourt, Brace & World, New York 1962.

Bloom, Benjamin S., »The Role of Educational Sciences in Curriculum Development«. In: Educational Sciences, 1/1 (Febr. 1966),
p. 5–15.

Bromsjö, Birger, Samhällskunskap som skolämne. Scandinavian
University Press, Stockholm 1965.

Bruner, Jerome S., Toward a Theory of Instruction. Harvard U. P.,
Cambridge, Mass. 1966.

Cremin, Lawrence A., The Transformation of the School Progres-
sivism in American Education 1876–1957. Knopf, New York 1961.

Curriculum Improvement and Educational Development. OECD,
Paris 1966.

»Curriculum Research in Sweden«, I–IV. In: Educational Research,
7/3 (June 1965), p. 165–185.

Dahllöf, Urban, Kursplaneundersökningar i Matematik och Mo-
dersmalet. Empiriska studier över kursinnehallet i den grundläggande
skolan. Stockholm 1960. = Statens offentliga utredningar 1960, 15.

Dahllöf, Urban, Kraven på gymnasiet. Stockholm 1963. = Statens offentliga utredningar 1963, 22.

Education and the Structure of Knowledge. Ed. by *Stanley Elam.* Rand McNally, Chicago (1964).

Goodlad, John I., and *Maurice N. Richter,* The Development of a Conceptual System for Dealing with Problems of Curriculum and Instruction. University of California, Los Angeles (1966).

Goodlad, John I., Renata von Stoephasius, Frances Klein, The Changing School Curriculum. Fund for the Advancement of Education, New York 1966.

Heath, Robert W., New Curricula. A report on the methods and programs for teaching science and the humanities which promise to revolutionize American education. Harper & Row, New York 1964.

Herrick, Virgil E., Strategies of Curriculum Development. The works of V. E. Herrick, compiled by *Dan W. Andersen, James B. Macdonald, Frank B. May.* Merrill, Columbus, Ohio (1965).

Husén, Torsten and *Urban Dahllöf,* »An Empirical Approach to the Problem of Curriculum Content«. In: International Review of Education, 11/1 (1965), p. 51–76.

Husén, Torsten, »Curriculum Research in Sweden«. In: International Review of Education, 11/2 (1965), p. 189–208.

Johanson, Elvy, Kursplaneundersökningar i fysik och kemi. Almqvist & Wiksell, Stockholm 1961.

Kliebard, Herbert M., »Structure of the Disciplines as an Educational Slogan«. In: Teachers College Record, 66/7 (April 1965), p. 598–603.

Möller, Christine, »Zur Methodik der Lehrplan-Aufstellung«. In: Bildung und Erziehung, 19/1 (Jan./Febr. 1966), S. 44–58.

Review of Educational Research. AMS Repr., New York, Vol. 33/3 (Juni 1963). Vol. 36/3 (Juni 1966).

Rudman, Herbert C., School and State in the U. S. S. R. Macmillan, New York u. London.

Saylor, John, and *William Alexander,* Curriculum Planning for modern Schools. Holt, Rinehart & Winston, New York (1966).

The Structure of Knowledge and the Curriculum. Ed. by *G. W. Ford and Lawrence Pugno.* 2. print. Rand McNally, Chicago (1965).

Studies in Cognitive Growth. A collaboration at the Center for Cognitive Studies. By *Jerome S. Bruner* (u. a.) Wiley, New York (1966).

Taba, Hilda, Curriculum Development. Theory and practice. Harcourt, Brace & World, New York (1962).

Taxonomy of Educational Objectives. The classification of educational goals. Handbook 1. 2. McKay, New York (1964).

Taylor, Philip, »Curriculum Reform in England«. In: Emerging Strategies and Structures for Educational Change. Proceedings of the Anniversary Invitational Conference June 12–15, 1966. The Ontario Institute for Studies in Education, Toronto 1966.

Hauptabschnitt D, Abschnitt II

Anmerkungen

1 Dem Einwand, auch mit »Mündigkeit« sei ein allgemeines Kriterium »dezisionistisch« vorgegeben, ist mit dem Hinweis darauf zu begegnen, daß ein Konsensus über diese als Bildungsziel in der Tat eine unaufgebbare Vorbedingung demokratischer Erziehung ist. Das vorgeschlagene Modell funktioniert nur innerhalb dieser Bedingung.

2 Was *von Hentig* über die höhere Schule sagt, sie sei »Wissenschaftsschule nicht um der Wissenschaft willen . . ., sondern um des Lebens willen, das nur in dieser Form in der heute nötigen Breite erfahrbar ist« (in: Wie hoch ist die Höhere Schule? Klett, Stuttgart [1962], S. 9), gilt von Schule überhaupt. Es ist also primär nicht etwa von Propädeutik die Rede und gewiß nicht von einer »Bildungsarbeit«, die »auf dem Zusammenwirken von Lehrern (beruht), die für ihre Aufgabe in einem oder mehreren Fächern wissenschaftlich vorgebildet sind . . . und sich . . . in einem gewissen Sinne zur Lösung einer verwickelten Forschungsaufgabe zusammenschließen . . .«. Diese seltsame Formulierung stammt aus der Denkschrift der Arbeitsgemeinschaft Deutsche Höhere Schule, Bildungsauftrag und Bildungspläne der Gymnasien. Springer, Berlin – Göttingen – Heidelberg 1958, S. 30.

3 *Cyril Burt* hat diese Bedingungen einmal scheingenau in dem Satz zusammengefaßt, daß direktes Training (an bestimmten Inhalten)

»drei- bis zwanzigmal so effektiv« sei wie indirektes (an ähnlichen Prozessen).

4 *Geraldine M. Joncich* in: Psychology and the Science of Education. Selected Writings of Edward L. Thorndike. Teachers College, Columbia University, New York (1962), p. 24.

5 *Broudy, Smith, Burnett,* a. a. O., pp. 79, 101, 235 (vgl. Hauptabschn. B, Anm. 13). Vgl. auch die Arbeiten von *Elisabeth Steiner Maccia* im Center for the Construction of Theory in Education der Ohio State University, insbesondere: The Scientific Perspective: Only One Curricular Model, Occasional Paper 63–143, und The Nature of a Discipline-Centered Curricular Approach, Occasional Paper 64–166.

6 Taxonomy of Educational Objectives, The classification of educational goals. Handbook I: Cognitive Domain. *Ed. Benjamin S. Bloom* et al. McKay, New York (1964). Handbook II: Affective Domain, by *D. R. Krathwohl, B. S. Bloom, B. B. Masia* (1964). Die Rezeption dieser Versuche in einem »Perspektivplan der Lehrplanforschung« ist in deutscher Sprache durch *Bernhard* und *Christine Möller* unternommen worden (*B. und Chr. Möller,* Perspektiven der didaktischen Forschung. Reinhard, München – Basel 1966). Ihr Ziel, durch »mathematisch-logische« und »mathematisch-ökonomische« Analyse einer Kultur in ihrer Entwicklung »komputierbare« Formulierungen zur Lehrplanentwicklung zu gewinnen, setzt in Wirklichkeit die hermeneutisch gewonnene Identifizierung von Inhalten voraus.

7 Vgl. *Kurt Fackiner,* »Müssen Richtlinien so sein?« In: Neue Sammlung, 6/4 (Juli/Aug. 1966), S. 434–436.

8 Crisis in the Humanities. Ed. *G. H. Plumb.* Penguin Books (1964).

Ein Strukturkonzept für Curriculumentwicklung *

I. Vergleichendes Studium von Curriculumentwicklung

1. »Geht es denn um das gleiche?«

In dem vorliegenden Aufsatz kommt vergleichende Methode in ihrer analytisch-heuristischen Funktion zur Anwendung. Die vielfältigen Erscheinungsformen der Curriculumentwicklung in unterschiedlichen Gesellschaften sollen in ein logisch-strukturiertes konzeptuelles Modell eingeordnet werden, innerhalb dessen Curriculumprobleme erkannt und bestimmt, Hypothesen geortet und formuliert werden können. »Curriculumentwicklung« hat hier die weithin akzeptierte Bedeutung von Konstruktion und Revision eines Programms geordneter Sequenzen von Lernerfahrungen, die auf beabsichtigte Bildungsziele bezogen sind. Im Verlauf des hier folgenden Vergleichs werde ich mich mit
– den *Motiven* einer solchen Entwicklung (oder Revision)
– mit ihren *theoretischen Voraussetzungen*
– und mit ihren *Strategien*
befassen. Die Länder, deren Erfahrungen zur vergleichenden Analyse herangezogen werden, sind die Bundesrepublik, die DDR, England, Schweden, die Sowjetunion und die Vereinigten Staaten von Amerika.

* Dieser Aufsatz erschien in der Z. f. Päd., 15 (1969), Nr. 6. Die englische Fassung wurde unter dem Titel »A Conceptual Structure of Curriculum Development« zur Eröffnung der 4. Zweijahresversammlung der Europäischen Gesellschaft für Vergleichende Erziehungswissenschaft in Prag im Juni 1969 vorgetragen und ist in Comp. Ed., 8/3 (Dec. 1969) erschienen.

Die Auswahl erfolgte aus systematischen Gründen der Vergleichbarkeit
und aus »zufälligen« des Entwicklungsstandes der Curriculumarbeit
in diesen Ländern und der Zugänglichkeit ihrer Materialien.

An diesem Punkte erhebt sich vermutlich eine Frage, die auch am
Anfang der »Dritten Internationalen Curriculum-Konferenz« (Oxford, September 1967) stand:

Handelt es sich bei der Curriculumentwicklung in den vertretenen
Ländern – England, Kanada, den USA – überhaupt um das gleiche
Vorhaben? (»Is it the same campaign?«) Die Antwort, so wird berichtet, war zunächst entschieden verneinend. Der Tagungsbericht spricht
von einem »Zusammenprall« von verschiedenen »Kulturen«, der unter
anderem in einer unterschiedlichen Zusammensetzung der Delegationen
zum Ausdruck gekommen sei. In der englischen habe die Gruppe der
praktizierenden Lehrer vorgeherrscht, die Vereinigten Staaten seien
vornehmlich durch Wissenschaftler vertreten gewesen, während in der
kanadischen Gruppe die Bildungsverwaltung am stärksten zu Worte
gekommen sei. Dementsprechend lagen die Akzente jeweils auf der
Praxis, der theoretischen Begründung oder der administrativen Realisierung von Curriculumentwicklung. Indes, sind dies nicht drei verschiedene Aspekte eines und desselben komplexen Gegenstandes?
Offenbar war es eben das Fehlen eines solchen gemeinsamen Bezugs-
systems, das die Identifizierung gemeinsamer Probleme und damit die
Kommunikation in so großem Maße erschwerte.

Nun ist auf der Ebene der »Strategien der Curriculumentwicklung«
(1968) kürzlich ein solches System, ein »Rationale« vorgelegt und in
der Analyse der Curriculumstrategien in 13 Ländern – in hochindu-
strialisierten ebenso wie in ehemaligen Kolonialländern – versuchsweise
angewandt worden. Etwa zur gleichen Zeit haben *Beauchamp* und
Beauchamp (1967) es unternommen, in einer »vergleichenden Analyse«
Grundmuster von »Curriculumsystemen« aufzufinden. Bisher haben
jedoch derartige Versuche, deren Beitrag zur Bildung eines allgemeinen
Curriculumdiskurses nicht in Abrede gestellt sei, es unterlassen, gerade die theoretischen Grundlagen zu sondieren, auf denen die
unterschiedlichen kulturellen Varianten der Curriculumentwicklung
beruhen.

Ebensowenig ist das »Expertentreffen zu Fragen des allgemeinbildenden Curriculum«, das die Unesco im Januar 1968 in Moskau einberufen hatte, in seinen Resultaten über Beobachtungen und Definitionen

sehr allgemeiner Natur, über durchaus formale Prinzipien der Curriculumkonstruktion und über einige sehr pragmatische Feststellungen
zum Thema der Interaktion und Kommunikation bei Curriculumentscheidungen hinausgelangt.

Überlegungen zu wesentlichen Fragen, wie z. B. zur Differenzierung
im Curriculum, wurden abgebrochen, und zwar nicht nur den bekannten politischen und ideologischen Differenzen zufolge, sondern eben
mangels einer hinreichend entwickelten gemeinsamen Sprache für einen
Curriculumdiskurs.

2. Motive

Es unterliegt indes keinem Zweifel, daß die wirksamsten Motive der
Curriculuminnovation allen hier behandelten Ländern (und vielen
anderen) gemeinsam sind. Wir stehen in der Tat vor einem Phänomen
gemeinsamen Interesses, vor einer Reihe gemeinsamer Bemühungen –
einem »common campaign«. Dabei ist es hier nicht meine Absicht, eine
allgemeine Theorie der Konvergenz von Bildungspolitik in Ost und
West zu begründen (oder zu widerlegen). Vielmehr will ich innerhalb
eines *gemeinsamen* Begriffs- und Bezugsrahmens auf *Unterschiede* in
der Intention, im Gewicht und im Idiom, in der Formulierung von
Curriculumproblemen und in der Technik der Lösungsversuche in
verschiedenen Ländern hinweisen, ob sie nun auf die Verschiedenheit
des sozialen und politischen Regimes, der Ideologie oder der Struktur
und der Funktionsweise von Erziehungssystemen zurückzuführen sind.

a) An erster Stelle in der Aufzählung von Motiven einer Curriculumrevision – die miteinander in engem Zusammenhang stehen –
wird zumeist das genannt, was in den Ländern englischer Sprache als
Wissensexplosion, im Osten häufig als Fortschritt der Wissenschaften
bezeichnet wird. Eine enorme Zunahme an Information und rapide
sich wandelnden Begriffen und Methoden machen neue Bildungsprogramme und rationalisierte Formen der Planung von Curriculum und
Unterricht erforderlich.

b) Eine sogenannte Verwissenschaftlichung des Lebens, also die Ausweitung des Horizonts und des Instrumentariums der Natur- und
der Gesellschaftswissenschaften, fordern das Curriculum in einer noch
bedeutsameren Weise heraus. Als ein in unserer Zeit vorrangiger Modus, Wirklichkeit zu erklären und zu meistern, müssen die Wissen-

schaften, oder vielmehr deren Elemente, so in Bildung und Erziehung junger, auch ganz junger Menschen, einbezogen sein, daß sie sich ihrer wirksam und schöpferisch bedienen können. Ein gewisser Fortschritt unserer Einsichten in kognitive Entwicklung, in Lernprozesse und -möglichkeiten lassen eine solche Zielsetzung real erscheinen. Unser zweites Motiv ist also die Erkenntnis der Notwendigkeit und der Möglichkeit einer relativ umfassenden intellektuellen Erziehung.

c) Hiermit eng verknüpft ist ein drittes Motiv: Technische und organisatorische Innovationen im Unterricht. Die Chancen einer Rationalisierung des Unterrichts, nicht zuletzt die Chance einer weitgehenden Individualisierung des Lernens, sind von erheblicher Bedeutung für das Curriculum. So sind die »neuen« Medien öffentlicher Kommunikation natürlich schon längst viel tiefer in den Prozeß »lebenslanger Bildung« eingedrungen, als dies bisher vom formalen Curriculum der Schule in Rechnung gestellt wird.

d) Aber nicht nur in neuen didaktischen Einsichten und in verbesserten Unterrichtsmethoden findet erhöhte Bewußtheit ihren curriculumrelevanten Ausdruck: Eine gewaltige quantitative und qualitative Ausweitung des relativen Schulbesuchs ist die Folge von Wandlungen in der gesellschaftlichen Struktur, in der Teilnahme von einzelnen und Gruppen an ökonomischer und politischer Verantwortung und von Wandlungen in ihren Bedürfnissen, Motivationen und Aspirationen. Änderungen im Curriculum, die logisch solchen gesetzlichen Entscheidungen wie Ausdehnung der Schulzeit, veränderte Prinzipien und Prozeduren von Prüfung und Auslese, Organisation und Differenzierung einzelner Phasen des Schulwesens usw. vorangehen müßten, erscheinen in der Praxis oft erst als deren Folgen. Auch Maßnahmen »kompensatorischer« Erziehung für »sozio-kulturell Benachteiligte« und die Berücksichtigung neuer Interessen, Erfahrungen und Ausdrucksweisen der Lernenden im Curriculum gehören zu dem hier genannten Motiv.

e) Schließlich hat die ökonomische Seite dieser Entwicklung ihre besondere curriculumbezogene Problematik. Als die Grundlagen moderner Produktion gewinnen Wissenschaft und Technologie im Curriculum der allgemein- und berufsbildenden Schule zunehmend an Gewicht, obgleich sich eine einsinnige Abstimmung der Curriculumentscheidungen auf Produktionsbedürfnisse als von zweifelhaftem Wert erwiesen hat. Jedenfalls aber haben der rapide Wandel in den Produktionsmethoden und in der Berufsstruktur, die Erfordernisse beruflicher

Mobilität und Disponibilität, die Forderung nach zunehmend gesteigerter Produktivität eine unabweisbare Bedeutung für das Programm einer Erziehung, die längst als primärer Produktionsfaktor anerkannt ist. Denken wir in diesem Zusammenhang noch an die Spannungen internationalen Wettbewerbs, an die Bildung beruflicher und wirtschaftlicher Pressionsgruppen und an die entsprechenden Auswirkungen auf die offizielle Bildungspolitik, dann haben wir hier eines der wirksamsten Motive der Curriculumrevision in der jüngsten Vergangenheit. Aus allen zuvor genannten Ländern könnten hierzu Illustrationen angeführt werden; es seien beispielsweise die Wandlungen in der sowjetischen Bildungspolitik zwischen 1958 und 1964 und die föderale Gesetzgebung auf dem Gebiet des Erziehungswesens in den USA, 1958–1965 (NDEA, ESEA usw.) genannt.

Welches sind nun die verschiedenen Wege, auf denen man diesen Motiven in der Curriculumentwicklung zu begegnen sucht? Kann es gelingen, sie alle innerhalb eines gemeinsamen konzeptuellen Rahmens zu erfassen und zu interpretieren?

II. Konzepte von Curriculumentwicklung

1. Ein konzeptuelles Schema

Es scheint, daß eine Analyse des allgemeinen (interkulturellen) Feldes der Curriculumentwicklung Kategorien und Beziehungen erbringt, die sich in einem Begriffssystem, in einem konzeptuellen Schema ordnen lassen. Ein solches Schema oder ein solches Konzept, ein solcher Rahmen ist Voraussetzung für jegliche theoretisch begründete Curriculumarbeit, wie dies zu Recht vor allem seitens amerikanischer Curriculumforscher wie *Vergil Herrick, Ralph Tyler, Hilda Taba* und anderen betont worden ist.

Da nun

1) das allgemeine Erziehungsziel ist, den einzelnen zur Bewältigung von *Lebenssituationen* auszustatten und

2) eine solche Ausstattung durch den Erwerb von *Qualifikationen* und Dispositionen erfolgt und

3) diese Qualifikationen wiederum durch die verschiedenen *Elemente des Curriculum* vermittelt werden,

kann ein rational geplantes Curriculum nur auf der Basis einer mit optimaler Genauigkeit und Objektivität ermittelten Bestimmung jener Situationen, Qualifikationen und Curriculumelemente entwickelt werden.

Somit scheint die Aufgabe einer systematischen Curriculumentwicklung, allgemein gesprochen, darin zu liegen, Hypothesen zur Identifizierung dieser drei Klassen von Curriculum-Variablen und zu ihrer Verknüpfung zu formulieren und zu überprüfen. Um aber jene Situationen und die in ihnen geforderten Funktionen zu identifizieren, um sodann Qualifikationen, die diesen Erfordernissen entsprechen, zu definieren, und um schließlich Curricula zu konstruieren, die jene Qualifikationen zu vermitteln geeignet sind, muß in der Curriculumarbeit folgendes geleistet werden:

1) Es müssen Kriterien für diese Identifikationen gewonnen und angewandt werden. Solche Kriterien beruhen auf begründeten Werturteilen ebenso wie auf empirisch-analytischen Feststellungen und Schätzungen objektiver (gegenwärtiger und zukünftiger) Bedürfnisse, auf Elementen von Kultur-Tradition, auf Einsichten in die Wirksamkeit von Lehren und Lernen.

2) Es muß daher ein Maximum an der für eine rationale Wahl erforderlichen Evidenz aufgefunden, überprüft oder primär ermittelt werden.

3) Endlich sind angemessene Prozeduren für Bewertung und Entscheidung zu entwickeln.

Das hiermit umrissene Schema erweist seinen Wert zunächst darin, daß es uns zur Trennung verschiedener Ebenen von Curriculumentscheidungen verhilft, die in der Praxis nur allzu oft miteinander vermengt werden, nämlich: die Identifizierung und Validierung von Zielen (aims); deren Übersetzung in spezifische Bildungsintentionen (objectives) und ihre Definition; die Auswahl entsprechender Curriculumelemente (content); schließlich die Organisation des Unterrichts.

Dies sei an einem ersten Beispiel erläutert. Wenn wir Situationen personeller, gesellschaftlicher, politischer, beruflicher Existenz analysieren und so zu den in ihnen geforderten Qualifikationen gelangen, werden wir unterscheiden müssen zwischen den kognitiven und affektiven Strukturen, die zu entwickeln sind, einerseits und den sogenannten »Strukturen der Wissenschaften«, die zu ihrer Entwicklung vermutlich oder nachweislich beitragen, andererseits. Eine jede Hypothese über den verhaltenswirksamen Effekt von Curriculumelementen muß ausdrücklich formuliert und grundsätzlich verifiziert werden. Generalisierungen über die Leistung der wissenschaftlichen Disziplinen für den Aufbau eines Universums von »Bedeutsamkeit« (meanings) sind nicht statthaft, solange ein solcher »philosophischer Realismus«, wie *Ph. H. Phenix* ihn nennt, nicht im Detail begründet ist. Sicherlich ist es das bestehende System der Wissenschaften und der Künste, durch deren Gehalte, Prinzipien und Methoden wir Realität zu beobachten, zu erfassen und zu interpretieren suchen. Aber wir haben sorgfältig zwischen den verschiedenen »Potenzen« einer Wissenschaft zu unterscheiden: zwischen ihrem Gehalt, ihrem leitenden Interesse und ihrer Logik oder »syntaktischen Struktur« – um *Joseph Schwab* zu paraphrasieren. Nur so ist eine sichere Methode zu gewinnen, Beziehungen zwischen Curriculuminhalten und Erziehungszielen herzustellen, ob sie nun Einsichten, Bestrebungen oder Fertigkeiten betreffen – den kognitiven, den affektiven oder den psychomotorischen Bereich der Taxonomisten.

Eine solche Taxonomie hat, wie unser Schema zeigt, ihren legitimen Ort in der Definition und der Evaluierung der Wirksamkeit von Curriculumelementen zur Erreichung bestimmter Verhaltensdispositionen. Ebenso ist ihr Beitrag zur Schärfung pädagogischen Bewußtseins durch kritisches Abwägen und operationale Formulierung von Erziehungs- und Bildungszielen anzuerkennen. Sie kann jedoch primär nichts zur Rechtfertigung, zur Bestimmung und Begründung von Bildungsinhalten beitragen, wenn wir von den den Taxonomien zugrunde liegenden verhaltenswissenschaftlichen Erkenntnissen absehen. Es ist erstaunlich, daß selbst eminente Autoren auf dem Gebiet der Curriculumentwicklung diese notwendige Unterscheidung außer acht gelassen haben. Die Frage, ob ein Gegenstand unterrichtet werden *soll,* muß aber fraglos den Vorrang haben vor der, ob und wie er unterrichtet werden *kann.*

Betrachten wir, um unser Schema weiter zu illustrieren, jene auf der Ebene der Zielbestimmung, wie ich meine, illegitime Trias: Curriculum vom Kind, von der Gesellschaft, vom Fache (der Disziplin) her. Auf der Ebene der Situationen ist eine solche Alternative bedeutungslos: wir haben Situationen und Funktionen des einzelnen in der Gesell-

schaft zu identifizieren. Auf der Ebene der Curriculumelemente freilich mag man jeweils stärkere oder schwächere Akzente setzen, den
Bedürfnissen des Kindes in einer spezifischen Entwicklungsstufe oder
den gegenwärtigen oder zukünftigen Anforderungen der Gesellschaft
mehr oder weniger Raum gewähren.

Ein letztes Beispiel, das der amerikanischen Curriculumtheorie ent-
nommen ist: Im Lichte unseres Modells scheint die Unterscheidung
John Goodlads zwischen drei Ebenen von Curriculumentscheidungen
von zweifelhaftem theoretischem Wert. Solche Entscheidungen, so
meint er, fallen auf der gesellschaftlichen, der institutionellen und der
schulischen Ebene des Unterrichts. Weder ist *Goodlads* Identifizierung
der gesellschaftlichen Ebene mit den »politischen Instanzen« (political
authorities) stimmig, noch ist eine undifferenzierte Kategorie der »Entscheidung« überhaupt sonderlich geeignet, die wirklich gewichtigen
Einflüsse auf ein Curriculum, für welche Institution auch immer, erkennen zu lassen. Hier ist vielmehr zwischen gesellschaftlichem Konsensus über Erziehungsziele, der Entscheidung auf Grund von erziehungswissenschaftlicher Forschung, der Dezision auf politischer Ebene
und der Wahl des Lehrers unter pädagogischen Alternativen zu unterscheiden. Die Aufgabe der jeweils für Curriculumentwicklung Verantwortlichen ist es, die Wertvorstellungen und die rationalen Einsichten
in soziale und individuelle Bedürfnisse und Bestrebungen, die in einer
Gesellschaft manifest oder latent sind, zu artikulieren, sie in Bildungsziele und detaillierte pädagogische Intentionen zu übersetzen und mit
reflektierter praktischer Erfahrung und empirischer Evidenz über die
Wirksamkeit von Lernen und Lehren so zu integrieren, daß jener
Konsensus aktualisiert wird, der notwendiges Postulat eines jeglichen
öffentlichen Bildungswesens ist, und der Prozeß der Entscheidung
offengelegt wird.

2. Anwendung des Schemas

Wir haben nunmehr Theorie und Praxis der Curriculumentwicklung
in den sechs genannten Ländern im Lichte des soeben beschriebenen
und erläuterten konzeptuellen Schemas zu untersuchen und zu interpretieren. Dabei stoßen wir zunächst überall auf Ausdrücke der Unzu-
friedenheit über den Stand der Curriculumtheorie. Es heißt, daß
»bislang noch keine zusammenhängende rationale Curriculumtheorie

existiert«, daß »Curriculumtheorie eine nur geringe Rolle gespielt hat in der Anregung pädagogischen Wandels«, daß wir »bis zu diesem Zeitpunkt kein allgemeingültiges wissenschaftliches Prinzip zur Lösung des Problems der Erziehungsinhalte« entwickelt haben – um drei Feststellungen aus England, den Vereinigten Staaten und der Sowjetunion zu zitieren. Natürlich werden solche Sätze im Ton der Sorge und der Herausforderung geäußert.

Gibt es aber keine allgemeine Curriculumtheorie, so sind doch die theoretischen Voraussetzungen einer jeweiligen Position durchaus erkennbar. Beginnen wir mit der Ebene der Zielsetzungen und deren Kriterien. Am einen Ende finden wir die positivistische Versicherung, daß, wie ein namhafter englischer Forscher kürzlich sagte, »das Kernproblem der Erziehung die Interaktion zwischen Kind und Lehrer« ist; alles andere, insbesondere die Frage der Inhalte, sei »untergeordnet«. Der Grund für ein solches Ausweichen ist natürlich die Schwierigkeit, Ziel- und Inhaltsauswahl zu objektivieren und zu validieren. Diese Skepsis – und ebenso ihre häufige Entsprechung: Konservatismus – sind für die Auffassung weiter Kreise zum Beispiel in England und in der Bundesrepublik kennzeichnend. Die Gründe dürften zwischen schierem Pragmatismus und einer Vorstellung von organischem Wachstum liegen, derzufolge solch komplexe Probleme wie inhaltliche Curriculumentscheidungen, einschließlich deren normativer Aspekte, hypothetisch-deduktiver Argumentationsweise nicht zugänglich und auch nicht zum Teil auf vorgängige empirische Ermittlungen zu stützen sind.

Erinnern wir uns daran, daß es sich darum handelt, rationale, systematische Methoden zur Identifizierung gegenwärtiger und zukünftiger Situationen und ihrer Anforderungen in Anwendung zu bringen. Die Verlängerung des Pflichtschulalters (»Raising the school leaving age«) hat diese Frage für den Curriculumarbeiter in England akut werden lassen. Das englische Erziehungswesen hat die Herausforderung als eine der zentralen Aufgaben des »Schools Council for the Curriculum and Examination« akzeptiert. Die Arbeit ist mit Energie und Engagement in Angriff genommen worden, wiederum jedoch auf der pragmatischen Ebene geltender Praxis und plausibler Innovation – wenngleich die Absicht erkennbar wird, systematischere Methoden zur Feststellung von objektiven Bedürfnissen und voraussichtlichen Entwicklungen zu erarbeiten. Man darf erwarten, daß ein wachsender curriculumtheoretischer Fundus in England schließlich Grundsätze solch systematischer Erforschung in die Arbeit des Council einbringen wird. Gänzlich anders ist die Position der »sozialistischen« Länder, wo Bildung in unserer Zeit eindeutig als Aufgabe und Chance gilt, allen jungen Menschen zu einem wissenschaftlichen Weltverständnis zu verhelfen. Natur- und Gesellschaftswissenschaften gelten als geeignete und notwendige Wege zum Weltverständnis und als Ausrüstung für verantwortetes und produktives Leben. In Verbindung mit den Künsten und mit körperlicher Erziehung und auf der Grundlage polytechnischer Bildung und Erziehung – selbst ein äußerst komplexes Curriculumgebiet, in dem eine Integration von wissenschaftlicher Interpretation, technologischem Verständnis und Produktionserfahrung angestrebt wird – sind die Wissenschaften dazu bestimmt, die allseitig gebildete sozialistische Persönlichkeit zu erziehen. Der marxistisch-psychologischen Auffassung vom Aufbau der Persönlichkeit entsprechend, wird ein prinzipieller Unterschied zwischen materialer Bildung und ihren formativen Wirkungen nicht anerkannt. Dennoch gilt die Bestimmung der besonderen Elemente auf den verschiedenen Gebieten von Wissenschaft, Kunst und Technologie, denen eindeutig bildende »Potenz« zuzusprechen ist, als zentrale Aufgabe – und als Desiderat – der »Didaktik«. Eine solche Bestimmung macht zum Beispiel die Analyse von Produktionsmitteln und von Arbeitssituationen notwendig, wie sie in der Sowjetunion durch *M. N. Skatkin* gefordert wurde, aber auch die Erarbeitung einer didaktischen Theorie vom »Aufbau von Aktivitäten« – nächstes Äquivalent des westlichen Begriffs »Verhalten« – durch Bildungsinhalte. Gerade das letztere Desiderat betreffend stellten sich erhebliche Meinungsunterschiede in einer Diskussion heraus, die von den Herausgebern der Sovetskaja pedagogika und anderen 1965 zum Thema »Wissenschaft und die Schulfächer« veranstaltet wurde. In der Tat scheint in den zur Zeit dort geltenden Prozeduren der Lehrplanrevision eine Vorherrschaft der Fachwissenschaften bei relativer Vernachlässigung pädagogischer Perspektiven zu bestehen. Die Vorwürfe des »Subjektivismus« und des schieren »Empirismus« bei der Auswahl der Inhalte, die man dem herrschenden System entgegenhält, erinnern an analoge Diskussionen in anderen Ländern.

Dennoch dürften die Analogien von Curriculumerwägungen in Ost und West uns nicht dazu verleiten, die Unterschiede des historischen

Kontexts zu übersehen. In den Vereinigten Staaten entstand der »Strukturalismus« als Reaktion auf eine Erziehungsphilosophie, in der die Akzente auf den spontanen, wenngleich geleiteten, Prozessen sozialer Anpassung und individuellen Wachsens liegen. Nunmehr, so wurde versichert, ist der Erziehungsmodus nicht mehr eine gelebte Demokratie (»democracy in action«), sondern wissenschaftliche Erfahrungsweise (»disciplined understanding«). Die Antithese ist fragwürdig – sie enthält deutlich ideologische Obertöne.

In der Tat ist es die ideologische Komponente der Curriculumentwicklung auf der Ebene der »Zielvorstellungen«, der die vergleichende Analyse sich nun zuzuwenden hat. (Ideologie soll hier nicht Verschleierung oder Rationalisierung von Handlungen und Interessen bedeuten, sondern deren philosophischen Ausdruck.) Dabei taucht zunächst die Frage auf, ob ein »didaktischer Materialismus«, das heißt die Betonung des herkömmlichen Systems der Disziplinen, nicht einer Bestätigung und Festigung etablierter Zustände überhaupt dient. Sie wird bejahend zu beantworten sein, wenn wir an neue Lehrpläne – Neue Mathematik, Neue Biologie usw. – denken, wie sie etwa die OECD zur Verbesserung und Vermehrung des Angebots an naturwissenschaftlich und technisch qualifizierten Arbeitskräften propagiert. Wesentlich komplexer wird das Urteil ausfallen, wenn es sich um einen Befürworter des disziplinbetonten Curriculum wie *Jerome S. Bruner* handelt. Aber auch hier ist die Gefahr erkannt worden, daß mit einer eindeutigen Ausrichtung auf Disziplinen die personellen und sozialen Bedürfnisse und die offenen Möglichkeiten persönlicher Aspiration (»planning for new levels of aspiration« – *Harry S. Broudy*) zu kurz kommen könnten. – Dieser Problematik benachbart ist der Komplex einer »kompensatorischen Erziehung« und deren kritische Beurteilung als »Anpassung an Normen und Werte der Mittelklasse«. Er kann hier nicht näher behandelt werden. – Obwohl die Dichotomie zwischen verhaltens- und fachbezogenem Curriculum, wie schon gesagt, nicht zwingend ist, hat man nachdrücklich der Befürchtung Ausdruck gegeben, daß hier ein Zurückweichen auf prädeweyschen »Formalismus« vorliegt *(I. Scheffler)*. Es sind curriculare Synthesen vorgeschlagen worden wie »nukleares *und* kortikales Curriculum« (situationsbezogene Aktivitäten *und* Disziplinen – *J. Schwab*), problemorientierter *und* fachorientierter Zugang *(Alice Miel)*. In ähnlicher Richtung geht *John Goodlads* Vision eines ausgeglichenen neuen »humanistischen« Curriculum, das auf systematisch ermittelten Zielsetzungen beruht. In der Tat ist eine Vernachlässigung humanistischer Fächer (im engeren und im weiteren Sinn) eine deutlich erkennbare Gefahr in der jüngsten Entwicklung von Curriculumrevision im Osten und Westen.

Im übrigen aber weist das Problem Curriculum und Ideologie in den meisten »sozialistischen« Ländern noch eine andere wesentliche Facette auf. Betrachten wir die Curriculumtheorie in der DDR. In der Bestimmung von Zielen, sowohl bei der Analyse gegenwärtiger und zukünftiger Bedürfnisse als auch im Entscheidungsprozeß, setzen sich natürlich eindeutig ideologische Intentionen durch. Die Schule gilt als »ideologische« Institution, deren Ziele nicht »allgemein« und »abstrakt«, auch nicht grob pragmatisch zu definieren, sondern auf die Aufgabe auszurichten sind, die wohl-integrierte, bewußte und aktive sozialistische Persönlichkeit heranzubilden. Die einzelnen Wissenschaften sollen weder in ihrer Besonderheit »überbetont« noch leichtfertig politischer Propaganda dienstbar gemacht werden. Indoktrinierung aber wird als eine notwendige Seite der Erziehung auf allen Gebieten angesehen. Während man also der vorherrschenden amerikanischen Curriculumtheorie den kritischen Vorwurf machen kann, sie verkürze den Prozeß der Begründung von Inhalten durch ihre Betonung von Disziplinen und Materie – obwohl ja die theoretische Einsicht in die Notwendigkeit einer breiten Basis von Hypothesen als Grundlage curricularer Entscheidungen ständig wächst –, so scheint man in der UdSSR und in der DDR die Suche nach didaktischen »Potenzen« mit deutlich sozialideologischem Bias zu betreiben, obwohl die Notwendigkeit differenzierterer didaktischer Untersuchungen auch dort anerkannt wird. *Paul Hirst* hat in England auf die didaktische Relevanz einer klaren Unterscheidung zwischen Erziehung und Indoktrinierung hingewiesen, die zwei sich gegenseitig ausschließende Formen persönlicher Interaktion seien. In der Tat: da Erziehung zu verantwortlicher Wahl und zu schöpferischem Handeln in allen hier behandelten Ländern gemeinsame Erziehungsziele sind, müßten freier Austausch, rationale Wahl und positive Toleranz wesentliche Merkmale des Inhalts sowohl wie der Verfahren in jedem Curriculum sein.

Ideologische Aspekte erweisen sich eben in der Phase der Auswahl von Curriculuminhalten, der wir uns nun zuzuwenden haben, von nicht weniger kritischer Bedeutung als im Komplex der Zielbestimmung. In England hat man dem Schools Council vorgeworfen, es verhindere durch seinen pragmatischen Ansatz der Curriculumkonstruktion eine Reform der bestehenden, vertikal gegliederten dualen Schulstruktur (»common« versus »academic«) und vernachlässige systematisch »radikale« Tendenzen in der englischen Pädagogik *(John White)*. Ähnlich hatte die Konzentration auf einen traditionellen Kanon von »Initiationen« der Curriculumtheorie in der Bundesrepublik verhältnismäßig enge Grenzen gesetzt. Erst seit kurzem rückt ein wachsendes Interesse an Curriculumrevision auch hier Aufgaben einer stärkeren Rationalisierung bei der Bestimmung von Zielen und Inhalten in das nähere Blickfeld.

Schweden ist in diesem Zusammenhang von besonderem Interesse. Teils aus ökonomischen Gründen – der Wunsch nach besseren, die wirtschaftliche Produktivität fördernden Curricula –, teils als Ergänzung vorangegangener struktureller Reformen im Schulsystem, hat die schwedische Curriculumforschung empirische Instrumente zu einer objektiven Ermittlung erforderlicher Ziele und Inhalte im Primar- und Sekundarschulwesen entwickelt. Ein interessantes, sorgfältig geplantes System von Erhebungen, Tests und Befragungen wurde eingesetzt, um Analysen von Bedürfnissen, pädagogischen Erwartungen und Intentionen und Unterrichtsresultaten einander gegenüberzustellen. War es nun der eindeutige, eingestandene Pragmatismus dieser Instrumente, oder war es eine positivistische Philosophie von politischem Dezisionismus in Curriculumfragen, der zumindest eine Richtung in diesem Lande auf ein Programm umschwenken, um nicht zu sagen: zurückfallen ließ, das als »structured teaching« die Aufbereitung von Unterrichtsprogrammen und -materialien in den Mittelpunkt der Arbeit stellt? Eine andere Curriculum-Schule in Schweden, die Projekt-Gruppe »Compass« an der Universität Göteborg *(Urban S. Dahllöf)* bleibt näher an der Kernfrage der Wahl von Curriculuminhalten. Ihre Arbeiten gehen von der Erkenntnis aus, daß vergleichende Untersuchungen über die relative Wirksamkeit alternativer Unterrichtsorganisation oft gerade die Variationen in Inhalt und Struktur des Curriculum außer acht gelassen haben. In ihren eigenen Untersuchungen geht sie daher von der Voraussetzung aus, daß nur im Rahmen eines Modells des Bildungsprozesses, in dem sowohl Variationen in der Unterrichtsdimension als auch in der Qualität und im Niveau der angestrebten Ziele ihren Platz haben, rationale Entscheidungen getroffen werden können. Zwar ist ihr primäres Interesse nicht auf die Be-

Begründung des Curriculum gerichtet, dennoch liegt im Kern der Arbeit die Frage nach der Legitimität von Entscheidungen struktureller Art (Differenzierung, Gruppierung usw.) im Verhältnis zu erreichbaren curricularen Zielen und Intentionen. Mit ihren eigenen Worten: zwar konstruieren sie keinen Globus, aber immerhin einen Kompaß.

Auf der Ebene der Auswahl von Curriculumelementen, also von Lernerfahrungen, die Qualifikationen vermitteln sollen, hat das Konzept der Strukturen, ein »Strukturalismus« im Curriculum, seinen eigentlichen Ort. Der Begriff selbst ist nicht eindeutig. Er bezeichnet einmal die »syntaktischen« Elemente der wissenschaftlichen Disziplinen (Prinzipien, Methoden, Kategorien, Generalisierungen), sodann die strukturierenden Ideen (»organizing ideas«) in einem rational konstruierten Curriculum, schließlich aber auch den durch diese und jene bewirkten Erwerb kognitiver und anderer Fertigkeiten. Als Kontinuum erscheint das Konzept in dem bekannten Curriculum-»Theorem« *Jerome Bruners* und seiner Kollegen am Harvard Center for Cognitive Studies: ein jeder Gegenstand kann in einer intellektuell redlichen Form einem jeden Kind auf jeder Entwicklungsstufe vermittelt werden. Bei *Comenius* heißt die Kunst, dies zu erreichen: omnes omnia docendi artificium.

Die Abkehr von Vorstellungen einer altersspezifischen »Lernbereitschaft« oder »-reife«, die in diesem Theorem impliziert ist, hat zu einem intellektualisierten Grundschulunterricht geführt – eine Tendenz, die in fast allen geschilderten Ländern anzutreffen ist. Hierbei werden offensichtlich eine ganze Reihe der eingangs genannten Motive wirksam. In der DDR spricht man von einer »Intensivierung« der Elementarschulerziehung, der man ein erhebliches Maß von psychodidaktischer Forschung widmet. In der UdSSR, wo die jüngst erfolgte Kürzung der allgemeinen Schulzeit zu einer nunmehr dreijährigen Grundschulstufe geführt hat, untersuchen *E. V. Sankow* und seine Kollegen Methoden zur Vermittlung derjenigen Begriffe und Einsichten, denen vermutlich eine optimale Erziehungswirksamkeit eignet. Ähnliche Versuche, vielleicht weniger umfassenden Ausmaßes, kennen wir aus den meisten westlichen Ländern. Um nur ein Beispiel zu nennen: Eines der Hauptanliegen der Didaktik in der BRD ist es, die wissenschaftlichen Disziplinen auf die pädagogisch relevanten Kategorien, ihre Grundbegriffe und exemplarischen Themen hin zu untersuchen, die geeignet sind, der Erreichung funktionaler Erziehungsziele optimal zu dienen. Neben dieser Richtung finden wir hier konkurrierende Akzente auf Analysen von Unterrichtsprozessen und -verfahren, Untersuchungen über Bedingungen von Interaktion im Unterricht und über die Anwendung von Informationstheorie auf Lernen und Lehren.

Gerade an dieser Stelle ist hervorzuheben, daß didaktische Analyse und Theorie von der Frage nach der Optimierung von Lerneffekten systematisch zu unterscheiden sind. Fragen, die in Moskau kontrovers blieben, ja offensichtlich nicht einmal bis zum Stadium einer gemeinsamen Verständigungsbasis gediehen – Fragen des gemeinsamen oder differenzierten Unterrichts, der Projekt- oder Disziplinorganisation des Lehrplanes u. ä. –, können eben unter Aspekten der allgemeinen Ziele, der zu erwerbenden Qualifikationen oder auch der Lerneffizienz behandelt werden. Diese Erinnerung mag uns bei der Beurteilung des Nutzens und des Mißbrauchs der Verhaltenswissenschaften in der Curriculumentwicklung helfen. Von der Taxonomie von Erziehungszielen (und -intentionen) als wichtigem Instrument für die Zuordnung von Unterrichtsmitteln zu bestimmten pädagogischen Zielsetzungen war schon die Rede. Ihr Hauptnutzen liegt zweifellos auf dem Gebiet der Evaluierung und in ihrer Funktion als Curriculumkorrektiv. Es gilt jedoch zu bedenken, daß sowohl die vertikale Hierarchie dieser Klassifikation als auch die horizontalen Unterscheidungen – bei *Bloom*, *Krathwohl* und *Masia* zwischen den kognitiven und den affektiven »Bereichen« zum Beispiel – vornehmlich analytischer Natur sind.

Sicherlich können Psychologen und Soziologen die Curriculumentwicklung in einer Vielzahl von Funktionen unterstützen: Auf der Ebene der Ziele – indem sie Konzepte und Theoreme ihrer Wissenschaften ins Curriculum einbringen und bei der Analyse von Lebenssituationen; auf der Ebene der Qualifikationen – etwa in ihrer operationalen Definition als Aufgaben (im Sinne von *Robert M. Gagné*); in der Erforschung optimaler Lehr- und Lernstrategien; schließlich in der Bereitstellung von Informationen, die zu verbesserter Curriculumorganisation führen können – beispielsweise durch Überprüfung und Interpretation entwicklungspsychologischer Untersuchungen. Einen nicht zu unterschätzenden Dienst aber erweist der Sozialwissenschaftler der Curriculumforschung, indem er zu einem Verständnis von Curriculum als System *(Musgrove)* beiträgt, angemessene Untersuchungsmethoden für die von uns unterschiedenen Ebenen zu

entwerfen hilft und damit selbst den ihm zukommenden Platz in der
Curriculumentwicklung definiert.

III. Strategien der Curriculumentwicklung

Während vergleichende Arbeiten auf dem Gebiete der Theorie selten
sind, gibt es eine ganze Reihe interkultureller Studien zum Thema
Organisation und Kontrolle des Curriculum und vergleichende Informationen über Lehrpläne für die verschiedenen Schulstufen und -for-
men. Ich möchte mich daher hier mit Bemerkungen über drei grundsätzliche Fragen begnügen, die mit dem geschilderten theoretischen
Modell zusammenhängen. Konsistente und wirksame Planung hängt
ja ganz offenbar von der Kohärenz des ihr zugrunde liegenden theoretischen Konzepts ab; ein Curriculum, dessen Konstruktion unter unmittelbarem Druck der Praxis (»activist pressure« – *Goodlad*) zustande
kommt, wird sich kaum bewähren können.

Meine Fragen sind: (1) *Wo* werden die Argumente für Curriculumentscheidungen gesichtet, die Konsequenzen festgestellt, der nötige und
mögliche Konsens entwickelt? (2) *Wer* ist an der Beantwortung der
Fragen nach Zielen, Qualifikationen, qualifizierenden Curricula betei-
ligt? (3) Welches ist die Rolle des *Lehrers* bei der Curriculumentwicklung?

1. Ort

Die Diskussion, die z. B. in den USA für und wider das »national
curriculum« geführt wird – ähnliche Kontroversen gibt es allenthal-
ben –, scheint mir einen verkehrten Akzent erhalten zu haben. Das
Problem ist folgendes. Wir wollen das in einer Gesellschaft erreichbare
Maß an Konsensus über Ziele und Anforderungen feststellen, denen
das Curriculum entsprechen soll, und diese Feststellungen auf eine
optimal objektivierte und artikulierte Argumentation gründen; wir
wollen die ermittelten Resultate mit denen wissenschaftlicher Erforschung von Lernbedingungen und -effekten verknüpfen und die Ergebnisse in unsere Curriculumplanung einbringen. Können wir dies
anders erreichen als mit Hilfe von öffentlichen Organen, die über die
erforderliche Autorität verfügen, die notwendigen Kompetenzen akti-

vieren und ein erhebliches Maß von Kooperation gewinnen können? Dies ist vermutlich der Grund dafür, daß immer mehr Stimmen, auf nationaler sowohl wie übernationaler Ebene, nach großen Zentren für Curriculumforschung und -entwicklung rufen.

In den »sozialistischen« Ländern ist die Position in dieser Hinsicht klar. Bildung und Erziehung sind ein Hauptanliegen der Gesellschaft, Bildungspolitik liegt in der Verantwortlichkeit ihrer politischen Organe, die durch die zuständigen Berufsgruppen unterstützt werden. So wird Curriculumplanung zu einer Aufgabe der wissenschaftlichen Beratungsgremien, der pädagogischen Institute und Akademien und eigens ernannter zentraler Kommissionen, deren Arbeit von Wissenschaftlern und Vertretern der Lehrerschaft getragen werden. Daß eine solche Organisation unter einem Konformitätszwang steht und nur im Rahmen offizieller Politik oder sogar administrativer Weisungen tätig werden kann, also der Gefahr des »Voluntarismus« (offenbar das kritische russische Äquivalent von Dezisionismus) ausgesetzt ist, ist zu erwarten.

Uneindeutig ist die Situation in England. Zunächst kann ein zentrales Schools Council in einem Bildungssystem, dessen nationale Traditionen nicht weniger firm sind als anderswo, das aber auf einer Ideologie und auch einer Praxis von Autonomie beruht, seine Arbeit immer nur als Hilfe und Beratung für Lehrer, Schule und autonomen Schulbezirk deklarieren, lediglich als Information über soziale und wirtschaftliche Entwicklungstendenzen, über Bedürfnisse und Aspirationen, über neue Lehrgänge und Methoden. Das Council arbeitet in »horizontaler« Kooperation mit freiwilligen öffentlichen Körperschaften (wie z. B. die Nuffield-Stiftung) und mit Forschungsinstitutionen und »vertikal« mit regional oder lokal organisierten Lehrergruppen. Von einem übermäßigen Einfluß von Verhaltens- oder anderen Wissenschaftlern kann hier nicht die Rede sein, obwohl sie an der Arbeit aktiven Anteil nehmen.

Aber es sind im wesentlichen wenig formalisierte, aus praktischer Erfahrung und Beobachtung gewonnene Überlegungen (»conventional wisdom«), in deren Licht Ziele und Maßnahmen bestimmt werden; Konsens wird im allgemeinen durch Diskussion herbeigeführt und beruht auf reflektierter Erfahrung; ein gewisser Eklektizismus der philosophischen und methodologischen Position führte zur kombinierten Anwendung sehr verschiedener Formen der logischen Deduktion, der

psychometrischen Evaluierung und der Produktion von didaktischen
Materialien.

Wir werden noch Gelegenheit haben, die großen Vorzüge des Systems zu erwähnen, aber auch die Nachteile sind nicht zu übersehen.
So ist es sehr unwahrscheinlich, daß die absolute Dominanz von Vertretern der betroffenen Berufsgruppe – Lehrer bilden die Mehrzahl
der Mitglieder der meisten Organe des Council – radikale Reformen
vorantreiben könnte. Zudem wird eine systematische Arbeit häufig
durch mangelhafte zentrale Planung und Anleitung beeinträchtigt.
Der Einfluß neuer wissenschaftlicher Entwicklungen setzt sich nur
langsam durch; »wohl erprobte« organisatorische Strukturen und didaktische Verfahren lassen sich nur zögernd ablösen. Es wird deutlich,
daß zentrale Institutionen der Curriculumforschung und -entwicklung
durch ihre Möglichkeiten der Orientierung, der Information, der
Initiierung und der Koordination, innovative Mobilität und rationale
Reformen fördern können.

In den Vereinigten Staaten beherrscht eine Vielzahl von Trägern
und Einrichtungen für Curriculumplanung die Szene. Die Gelder, die
zum großen Teil aus öffentlichen oder halböffentlichen Quellen stammen, gehen an die Initiatoren und Produzenten von Curricula: an
Projektgruppen auf lokaler oder, häufiger noch, auf regionaler Ebene,
an Hochschulen und Forschungsinstitute, an Berufsverbände und natürlich an die Regional Educational Laboratories wie das Educational
Development Center (früher Educational Services Inc.) in Harvard.
Die Qualität des Endproduktes hängt natürlich von der Qualität des
Entwurfs und von der Kompetenz der Autoren ab; aber seine Verbreitung beruht auf einer Anzahl anderer Faktoren, wie öffentliche Pressionen (Industrie, Wissenschaft), Sanktionen (Examina), institutionelle
Beziehungen (Schulbehörden) usw. So kommt eine Situation zustande,
in der ein beträchtliches Maß von öffentlichem Engagement und professionellem Enthusiasmus in Bemühungen investiert wird, die trotz
detaillierter, eingebauter Evaluierungsprozeduren bisher keine der Investition angemessenen Früchte gezeigt haben.

In der Bundesrepublik, wo früher Curriculumentscheidung einerseits und Curriculumdiskussion andererseits als unterschiedliche Funktionen angesehen wurden, die eine den Behörden, die andere öffentlichen und beruflichen Einflüssen zugeordnet, ist jetzt eine Integration
öffentlicher Autorität, lokaler Initiative und professioneller Kompe-

tenz als notwendige, wenn auch äußerst schwierige Aufgabe erkannt
worden.

2. *Teilnehmer*

In den Prozeß der Curriculumkonstruktion – so wird es durch unser
Schema demonstriert – gehen ein: Reflexion von Wertpostulaten,
prognostische Analysen individueller, sozialer und beruflicher Anforderungen und Bestrebungen, Informationen über benötigte Kenntnisse,
Dispositionen und Fertigkeiten und über die Bedingungen ihrer Vermittlung, praktische Unterrichts- und Erziehungserfahrung. Kann man
auf der Grundlage dieser Kategorie die erforderlichen Qualifikationen
der Teilnehmer an der Curriculumarbeit bestimmen und den Einfluß,
der ihnen jeweils zuzusprechen ist?

Sehen wir uns zunächst das Beispiel der Länder an, in denen zentrale
Gremien für Curriculumentwicklung eingesetzt wurden. Sie haben die
Chance – und haben sie bis zu einem gewissen Grade wahrgenom-
men –, für diese Aufgabe Experten aus den verschiedenen Fachdisziplinen zu rekrutieren ebenso wie Vertreter der Sozial- und Erziehungs-
wissenschaften, dazu den Rat erfahrener Praktiker heranzuziehen. So
wird aus der DDR von einer eindrucksvollen Stabsplanung berichtet,
nach der etwa 60 % der Vorbereitungszeit für einen neuen Lehrplan
auf Ermittlungen und Untersuchungen verwandt werden. Freilich
wird erst weitere Erfahrung zeigen, ob diese unmittelbare Zuteilung
von Aufgaben an einzelne und Institutionen optimale Resultate zeiti-
gen kann. Dies gilt auch für die Sowjetunion, wobei an das dort
vorgebrachte Argument des »Subjektivismus« zu denken ist, von dem
schon die Rede war.

In direktem Gegensatz hierzu stehen die in den Vereinigten Staaten
üblichen Prozeduren. »Curriculum pressure groups« bestimmen nicht
nur das Hauptziel, sondern auch die Methode der Konstruktion, hand-
le es sich nun um Bestrebungen zur Ausbildung des erforderlichen
Nachwuchses an Naturwissenschaftlern und Technikern oder um kom-
pensatorische Erziehung für die »sozial Benachteiligten« und sei die
Methode eine der synthetischen Lehrgangs-Konstruktion in sogenannten »writing sessions« oder eine experimentelle im »Curriculum-La-
bor«. Zwar hat eine Motivierung zur Curriculumentwicklung durch
spezifische politisch-pädagogische Zielsetzungen gewiß ihre Vorzüge –

sie können vor allem im Engagement und in der Originalität des Ansatzes liegen –, aber bedarf eine verantwortliche Curriculumreform heute nicht in jedem Fall einer wohlausgewogenen Begründung durch verschiedene Aspirationen und Kompetenzen?

Es scheint, ein solches Gleichgewicht ist in der Zusammensetzung in einigen der kooperativen Gruppen erreicht worden, die durch die Initiative des englischen Schools Council oder doch mit dessen Unterstützung gebildet worden sind. Man spricht dort von einem »modifizierten Ausschuß-Verfahren«, von einem »kooperativen Apparat«, ja sogar von »Erziehungsparlamenten«. Hier erhebt sich jedoch eine ganz andere Frage. Ist Diskussion, selbst wenn sie auf einem hohen Niveau professioneller Reflexionen und Erwägungen stattfindet, die korrekte Methode? Ist eine Arbeitsteilung gerechtfertigt, die Curriculumuntersuchungen den Einrichtungen für empirische Forschung oder den spezialisierten Universitätsinstituten überläßt? Verlangt Curriculumentscheidung nicht gerade einen sehr spezifischen Untersuchungsstil, der verschiedene Methoden in einer nichtsdestoweniger strengen und systematischen Weise verbindet? Könnte man beispielsweise, käme eine solche strenge Methode in England zur Anwendung, von »Newsom boys and girls« (in der Annahme einer solchen Schüler-Kategorie) sprechen, oder wären dann die oft bewundernswerten Working Papers und Bulletins in der Sprache bloßer vernünftiger Plausibilität abgefaßt, würde etwa die Frage der ersten Fremdsprache unter Gesichtspunkten akademischer Konvention statt im Lichte vorhandener objektivierender Analysen entschieden werden? In diesem ganzen Komplex kommt vermutlich der Rolle des Praktikers im Prozeß der Curriculumveränderung eine besondere Beachtung zu.

3. Rolle des Lehrers

Eine wichtige Funktion didaktischer Reflexion ist zweifellos ein geschärftes pädagogisches Bewußtsein. In der Bundesrepublik gilt es manchmal sogar als ihre wichtigste Funktion überhaupt. Aber nur die Teilnahme an der Initiierung und Planung von Curriculumrevision kann den Lehrer zu einem wirksamen Partner in der Ausführung machen. In jedem Fall hängt die Erprobung neuer Lehrgänge, die selbst notwendiger Bestandteil der Entwicklungsprozedur ist, ganz und gar von seiner Mitarbeit ab. Daß in England über 200 »Teachers

Groups and Centres« als Hauptstützpunkte der Curriculumarbeit eingerichtet worden sind, ist sicherlich von unschätzbarem Wert für die Propagierung von Reformideen.

Aber kann der Lehrer der Hauptträger sein? Wie alle Mythen – so heißt es in dem Bericht von der Oxford-Konferenz – drückt der Mythos der Lehrer-Autonomie im Curriculum »große Wahrheiten in einer Form aus, die mehr einer Idee als der Wirklichkeit entspricht«. Realistisch kann eine Situation nicht als autonom beschrieben werden, wenn tatsächlich Konvention, Lehrbuch, Prüfung und Inspektion die bestimmenden Faktoren sind. Auch kann der Lehrer die entscheidende Stimme gar nicht beanspruchen, da es sich um Normen, Bedürfnisse und objektive Bedingungen handelt, die nur durch verschiedene Formen »disziplinierter« und »konventioneller« Informationsgewinnung ermittelt werden können. Nichtsdestoweniger kommt ihm ein gewichtiger Einfluß zu, sowohl im Lichte seiner besonderen Erfahrung und Einsicht als auch infolge seiner spezifischen Aufgabe im unmittelbaren Erziehungsprozeß.

Ein hoher Preis wäre für eine Vernachlässigung der Interessen des Lehrers und seiner aktiven Beteiligung an Curriculumentwicklung zu zahlen. Wendungen wie »the year of the non-curriculum«, »the teacher-proof curriculum«, »how to sabotage teacher-proof curricula«, »the well-designed learning package is not enough« in pädagogischen und erziehungswissenschaftlichen Diskussionen in den Vereinigten Staaten zeugen von der zu erwartenden Spannung. Aber auch das Programm der Lehrerfortbildung im Rahmen der Lehrplanrevision, das in der DDR entworfen wurde – Seminare und »Fachzirkel« zur »Qualifizierung« aller Lehrer; besondere Vorbereitung der »Schulfunktionäre«, der Direktoren und Schulräte, auf ihre »Führungstätigkeit«; Instruktion, Handbücher, Lehrerbücher usw. – bietet sicherlich notwendige und nützliche Einrichtungen, aber keine ausreichende Gewähr für spontanes Mitwirken der Lehrer selbst. Die Aufgabe scheint doch wohl diese zu sein: Die Identifizierung des Erziehers mit der Curriculumrevision und seine Bereitschaft zur Mitarbeit an Konstruktion, Erprobung und Verwirklichung dadurch zu gewinnen, daß er als Partner mittätig ist an einer Aufgabe, die viele und unterschiedliche Arten von Erfahrung, Autorität, Kompetenz und Engagement fordert.

Literaturhinweise

Aus den Unterlagen, die den vorangehenden Ausführungen zugrunde liegen, sei auf die im folgenden verzeichnete Literatur hingewiesen.* Mit einigen Ausnahmen sind nur Veröffentlichungen aufgeführt, die seit 1966 erschienen sind. Veröffentlichungen aus der Sowjetunion sind in ihrer englischen oder deutschen Übersetzung zitiert.

1. Vergleichend und International

George A. Beauchamp and Kathryn E. Beauchamp, Comparative Analysis of Curriculum Systems. Wilmette, Ill.: The Kagg Press, 1967.
Emerging Strategies and Structures for Educational Change. Toronto: O.I.S.E. (1966).
Klaus Huhse, Theorie und Praxis der Curriculum-Entwicklung. Berlin: Institut für Bildungsforschung, 1968.
R. M. Thomas, L. D. Sands, D. L. Brubaker, Hrsg., Strategies for Curriculum Change. Scranton, Pa.: International Textbook Company (1968).
UNESCO, Meeting of Experts on Curriculum of General Education, Moscow, Jan. 1968. ED/CS/4/11 und angefügte Dokumentation.

2. BRD

Herwig Blankertz, Theorien und Modelle der Didaktik. München: Juventa, 1969.
Helmar G. Frank, Kybernetische Grundlagen der Pädagogik. Baden-Baden: Agis, 1969.
Doris Knab, »Curriculumforschung und Lehrplanreform«, in: Neue Sammlung 9 (März/April 1969) 2.
Heinrich Roth, »Stimmen die deutschen Lehrpläne noch?«, in: Die deutsche Schule, 2/68.
Wolfgang Schulz, Aufgaben der Didaktik. Berlin: Pädagogisches Zentrum, 1969.
Hans Tütken, »Lehrplan und Begabung«, in: *Heinrich Roth,* Hrsg., Begabung und Lernen. Stuttgart: Ernst Klett (1968).

---

* Soweit sie nicht oben (Anmerkungen und Literaturhinweise; S. 55 ff.) erwähnt sind.

Theodor Wilhelm, Theorie der Schule. Stuttgart: J. B. Metzler, 1967.

Jürgen Zimmer, »Curriculumforschung: Chance zur Demokratisierung der Lehrpläne«, in: didactica 3 (Januar/März 1969) 1.

3. DDR

Edgar Drefenstedt, »Inhalt und Wesen der neuen Lehrpläne«, in: Pädagogik 23 (1968), 8/9.

Heinz Frankiewicz, »Die neuen Lehrpläne für den polytechnischen Unterricht und Probleme ihrer Realisierung«, in: Pädagogik 23 (1968), 8/9.

Karl-Heinz Günther, »Zur Planung und Organisation der Lehrplanforschung«, in: Pädagogische Forschung 8 (1967), 4/5.

Gerhart Neuner, »Schulpolitische und pädagogische Aspekte der Einheit von Bildung und Erziehung«, in: Pädagogik 23 (1968), 8/9.

Rudolf Plötz, »Prinzipien für die Neubestimmung des grundlegenden Bildungsgutes des Physikunterrichts«, in: Pädagogische Forschung 8 (1967), 4/5.

Fred Postler, »Neue Lehrpläne ... des polytechnischen Unterrichts«, in: Polytechnische Bildung und Erziehung 10/12 (Dez. 1968).

4. England

Curriculum Innovation in Practice / Canada, England and Wales, United States – a Report by *J. Stuart Maclure* of the Third International Curriculum Conference, Oxford, September 7–22, 1967. London: H.M.S.O., 1968.

Forum for the Discussion of New Trends in Education: »Curriculum Reform«. 10/2 (Frühjahr 1968).

W. D. Halls, »England, Sources and Strategies of Change«, in: *R. M. Thomas, L. D. Sands* and *D. L. Brubaker,* Hrsg., Strategies for Curriculum Change. Scranton, Pa.: International Textbook Company (1968).

P. H. Hirst, »The Curriculum«, in Western European Education 1 (Frühjahr 1969) 1.

John F. Kerr, Hrsg., Changing the Curriculum. University of London Press (1968).

The Schools Council: »Developing New Curricula«, in: Western European Education 1/1 (Frühjahr 1969) – aus der Arbeitsunterlage Nr. 2: »Raising the School Leaving Age«.

The Schools Council, The New Curriculum. London: H.M.S.O., 1967.

Ph. H. Taylor, »Purpose and Structure in the Curriculum«, in: Educational Review 19/3 und 20/1 (1966/67).

John White, »The Curriculum Mongers: Education in Reserve«, in: New Society, 6 March 1969.

Stephen Wiseman, »Curriculum Development and Curriculum Evaluation«, in: Research in Education, May 1969, No. 1.

5. Schweden

Urban S. Dahllöf, »The Need for Models in Curriculum Planning«, in: WEE 1/1 (Frühjahr 1969).

Urban S. Dahllöf, »Recent Reforms of Secondary Education in Sweden«, in: Comparative Education 2/2 (1966).

Urban S. Dahllöf, Project Compass 13. Ability grouping, content validity and curriculum process analysis. Reports from the Institute of Education, University of Göteborg, No. 7, June 1969.

Urban S. Dahllöf und *Ulf P. Lundgren,* Project Compass 12. A project concerning macro-models for the curriculum-process. Reports from the Institute of Education, University of Göteborg, No. 5, April 1969.

Torsten Husén und *Gunnar Boalt,* Bildungsforschung und Schulreform in Schweden. Stuttgart: Klett, 1968.

6. UdSSR

A. M. Arsenyev, »Components and Fundamentals of General Education«. Unesco: Paris, 1967 (ED/CS/4/8).

»The Content of Education«, in Sovetskaia pedagogika, 1965/7. (Engl. Übersetzung in: Soviet Education, 8/1).

I. Lerner, M. Skatkin and *V. Fedorova,* »Development of Research on the Problems of Didactics«, in: Sovetskaia pedagogika, 1964/12. (Engl. Übersetzung in: Soviet Education, 7/6).

M. Markuschewitsch, »Der wissenschaftlich-technische Fortschritt und der Inhalt der Schulbildung«, in: Vergleichende Pädagogik 4 (1968) 3.

Bernhard Schiff, »Zur didaktischen Diskussion in der Sowjetunion«, in: didactica, 1968, 2.

G. P. Shchedrovitskii, »Educational Theory«, in: Voprosy filosofii, 1964/7. (Engl. Übersetzung in: Soviet Education, 7/7).

M. N. Skatkin, »Principles and Criteria of Defining the Curriculum of Education«. Unesco: Paris, 1967 (ED/CS/4/7).

7. *USA*

Arno A. Bellack, »What Knowledge is of Most Worth?«, in: *William M. Alexander,* Hrsg., The Changing Secondary School Curriculum. New York: Holt, Rinehart & Winston (1967).

»Curriculum Planning and Development«. Review of Educational Research 36/3 (June 1966).

Curriculum. Review of Educational Research 39/3 (June 1969).

Robert M. Gagné, »Curriculum Research and the Promotion of Learning«, in: *Ralph W. Tyler* et al., Perspectives of Curriculum Evaluation. Chicago (1967).

John I. Goodlad, »Curriculum: A Janus Look«, in: The Record 70/2 (Nov. 1968).

Mauritz Johnson jr., »Definitions and Models in Curriculum Theory«, in: Educational Theory 17 (April 1967).

A. R. King and *J. A. Brownell,* The Curriculum and Disciplines of Knowledge. New York: John Wiley (1966).

John S. Mann, »A Discipline of Curriculum Theory«, in: The School Review 76/4 (Dec. 1968).

Ross L. Neagley and *N. Dean Evans,* Handbook for Effective Curriculum Development. Englewood Cliffs, N. J.: Prentice-Hall, 1967.

Stilwandel in der Schule

Problematik und sonderpädagogische Versuchsergebnisse als allgemein-
gültige Hilfen für schulische Innovation – auch ein Beitrag zur Diskussion
über die Gesamtschule – von Heinrich Lenzen, Reihe Arbeitsmittel für
Studium und Unterricht „Hochschule". 167 Seiten, Salesta-kartoniert,
DM 19.80
ISBN 3-472-55510-6

Jede Generation in den letzten zwei Jahrhunderten hat neue Schulformen
entwickelt oder gefordert und jede Generation sah und sieht, daß die
Praxis des Schulalltags in den Schulklassen derjenigen der vorigen Generation verzweifelt ähnlich war und ist. Der kritische Erziehungswissenschaftler stellt angesichts der öffentlichen Diskussion der Bildungsreform
eine erschreckende Diskrepanz zwischen globaler Planungsverwaltung
und den Realisierungsmöglichkeiten fest. Von der „inneren Schulreform"
wird nicht mehr gesprochen. Jeder junge Lehrer muß im Regelfall trotz
seiner Erkenntnisse von innerer Differenzierung, objektiviertem Lehrver-
halten und Partner- sowie Gruppenunterricht eine »frontal geführte«
Klasse übernehmen. Hier setzt die vorliegende Arbeit an und untersucht
die verschiedenen Phasen der Umstellung einer Schülergruppe mit ihren
Lehrern auf zeitgerechte, zukunftsbezogene Arbeits- und Lebensformen.

Luchterhand

Arbeitswelt und Lehrerbewußtsein

Einstellungen von Volksschullehrern zu sozio-ökonomischen Formationen in der BRD – Eine empirische Untersuchung. Von Dipl.-Soz. Bernd Lehmann, Reihe „Kritische Texte: „Sozialarbeit, Sozialpädagogik, soziale Probleme". VI/271 Seiten, kart., DM 24,—
ISBN 3-472-58015-1

Für die Volksschüler, die in ihrem zukünftigen Leben in überwiegender Mehrheit eine untergeordnete Stellung als lohnabhängige Beschäftigte übernehmen müssen, ist von entscheidender Bedeutung, welche Informationen und Einsichten sie in der Schule über die komplexen Verhältnisse in der Arbeitswelt erfahren und welche Einstellungen sie angenommen haben. Eine Schlüsselfigur in diesem Prozeß ist der Lehrer als eine zentrale Vermittlungsinstanz sozialer Wirklichkeit. Am Bewußtsein der Lehrer, an ihrer notwendigerweise selektiven Darstellung und Bewertung dieser Wirklichkeit ist abzulesen, ob in der Schule die Normen der kapitalistischen Gesellschaftsordnung bedingungslos reproduziert werden oder ob die Lehrer ihren Auftrag darin sehen, in der heranwachsenden Generation das Potential gesellschaftlicher Veränderungen. Daher ist z. B. von großem Interesse zu wissen, wie die Lehrer die ökonomische, soziale und kulturelle Situation des Arbeiters und des Unternehmers beurteilt. Diese Einstellungen haben erheblichen Einfluß auf die zukünftigen Lebenschancen der Schüler aus unterschiedlichen Sozialschichten. Die sozialen Grenzen im Schulbereich werden auch in ihren Konsequenzen für die Sozialarbeit und Sozialpädagogik deutlich.

Luchterhand

Kritische Texte:
Sozialarbeit, Sozialpädagogik, Soziale Probleme

Diakonie und Restauration
Kritik am sozialen Protestantismus
in der BRD. Von Johannes Degen

**Drogen: Erfahrung und
Erkenntnis**
Selbstzeugnisse, Dokumente,
Analysen. Von Rudi Wormser

**Emanzipatorische Sexualpädagogik
und Strafrecht**
„Unzucht mit Kindern" – ein
Beispiel bürgerlicher Zwangs-
moral. Von Karl-Heinz I. Kerscher

Der Fall Frank
Exemplarische Analyse der Praxis
öffentlicher Erziehung.
Von Herbert E. Colla

**Handlungskompetenz und
Jugendkriminalität**
Ein interaktionistisches Konzept
zur Aufdeckung gesellschaftlicher
Unterprivilegierung. Von Ralf
Bohnsack

Studienmodell für soziale Berufe
Ein Verbund von Praxis und
Theorie. Herausgegeben von der
Curriculum-Arbeitsgruppe Kassel

Unterprivilegiert
Eine Studie über sozial
benachteiligte Gruppen in der
Bundesrepublik Deutschland.
Herausgegeben von der SPIEGEL-
Redaktion. Mit einem Vorwort von
Rudolf Augstein

**Die Polizei – Eine Institution
öffentlicher Gewalt**
Analysen, Kritik, Empirische Daten
herausgegében vom Arbeitskreis
Junger Kriminologen

Kinder spielen Konflikte
Zur Problematik von Simulations-
verfahren für Soziales Lernen.
Von Volker Gold, Wolfgang L.
Ranftl, Marianne Vogel, Mignon
Wagner, Inge Weber

Arbeitswelt und Lehrerbewußtsein
Einstellung von Volksschullehrern
zu sozio-ökonomischen Formationen in der BRD – Eine
empirische Untersuchung von
Bernd Lehmann

Soziale Kontrolle
Soziologische Theoriebildung und
ihr Bezug zur Praxis der sozialen
Arbeit. Von Peter Malinowski
und Ulrich Münch

**Freizeitpädagogik in der
nachindustriellen Gesellschaft**
Voraussetzungen – Aufgaben –
Perspektiven. Von Wolfgang
Nahrstedt. 2 Bände

Kinderfest
Eine pädagogische und gemeinde-
soziologische Studie.
Von Roland Narr

**Soziale Abweichung und
Erfolgschancen**
Die Anomietheorie in der
Diskussion. Von Hans Hartwig
Bohle

Erziehung und Veränderung
Entwurf einer praxisbezogenen
Sozialisationstheorie. Von Marianne
Meinhold/Walter Hollstein

Die Reihe wird fortgesetzt.

Luchterhand